Cover Your Ass

‚cya'

Werner Leippold

© Wiesbaden 2024

FSC
www.fsc.org
MIX
Papier aus ver-
antwortungsvollen
Quellen
Paper from
responsible sources
FSC® C105338

Werner Leippold

Cover Your Ass

,cya‘

Impressum

© 2024 Werner Leippold

2. Korrigierte Auflage

Herstellung und Verlag: BoD – Books on Demand, Norderstedt

ISBN: 9783756801947

Inhaltsverzeichnis

Vorwort

Der russische Frontmann hat uns kurz nach dem Abebben der COVID-19-Epidemie den Kampf aufgedrängt. ‚Militärische Sonderoperation' nennt er seinen waffengewaltigen Einmarsch in die Ukraine, wenig mehr als 1300 Kilometer Luftlinie von Berlin entfernt. Mit Gräueltaten, menschenverachtender Brutalität und Fake News versucht er, das Schicksal der Menschheit in West und Ost in seinem Sinne zu bestimmen. Er nimmt dabei weltweite Hungerkrisen in Kauf, begründet diese in bekannter KGB-Manier mit dem Embargo des Westens und scheut auch nicht davor zurück, uns den Gashahn abzudrehen. Dafür wird er in der westlichen Presse ‚Der Kaltmacher' genannt. Noch droht er nur mit Kälte, lässt dabei allerdings sein gigantisches Atomwaffenarsenal nicht ganz unerwähnt. Und was machen wir? Wir stehen erst mal voll im Regen, schütteln uns, so ganz nach dem Motto, „das kann doch nicht wahr sein. Ich habe gedacht, ‚Mutti' und der ‚stille Olaf' hätten alles im Griff gehabt und gut für uns vorgesorgt." Pustekuchen.

Lange Jahre haben wir uns auf die NATO und die USA verlassen, die Bundeswehr sträflich vernachlässigt und geglaubt, dass das Wirtschaften in die eigene Tasche, man nennt es hierzulande auch Handel, demokratischen Wandel und Wohlstand für alle Völker, unter anderem auch für das gemeine Volk in der ehemaligen Sowjetunion mit sich bringen würde. Da bekanntlich die Hoffnung zuletzt stirbt, musste selbst nach der Besetzung der Krim durch russische Streitkräfte im Jahr 2014 noch eine Menge passieren, bis wir aufwachten und realisierten, dass ein autokratischer Despot gänzlich anders tickt als hinten und vorne beschirmte Demokraten, seien sie geimpft oder nicht.

Sind wir, ich meine damit primär uns Deutsche, unabhängig ob mit oder ohne Migrationshintergrund, im Osten oder Westen der Republik, nun bereit, für unsere demokratischen Werte und unser Land zu kämpfen? Auch wenn es Opfer geben wird? Ich denke dabei nicht primär an Kriegsopfer auf dem Gebiet der Bundesrepublik, sondern an wirtschaftliche Opfer, die uns drohen. Ob wir das verkraften können?

Wenn ich an das tapfere Volk der Ukrainerinnen und Ukrainer denke, das entschlossen für ihr Land, ihre Freiheit, ihre Werte kämpft, und das sich auch nicht von resignierenden Einschätzungen bundesdeutscher Generäle a.D. entmutigen lässt, die schon kurz nach dem Überfall der Russen wissen wollten, dass dieser Krieg von der Ukraine nie gewonnen werden kann, dann stimmt mich das positiv. Auf der anderen Seite höre und sehe ich täglich die Sorgenmacher, Zögerer, Zauderer und Mahner auf allen Kanälen. Unglaublich wie viele Menschen in unserem Land sich täglich Sorgen um das Wohlergehen des ‚kleinen Mannes‘ machen. Sorry, natürlich auch aller Frauen.

Meine Romanfigur Paul E. Stemmer versuchte es auf seine Art auf den Punkt zu bringen: „Sesselfurzer. Haben zugeschaut, wie die Bundeswehr stranguliert wurde. Leben heute auf Kosten von uns Steuerzahlern. Wenn hier der kleinwüchsige Frontmann aus dem Osten was zu sagen hätte, läge schnell ein One-Way-Ticket nach Sibirien auf dem Tisch. Ob für neun oder neunundsechzig Euro? Egal.“ Paul war im Betriebsmodus: „Noch haben wir den Kampf nicht verloren. Und wenn im kommenden Winter in Deutschland die Heizungen etwas reduziert werden müssten, ginge davon bestimmt die Welt nicht unter. Zumindest nicht meine.“

Wenn ich mir die Performance der grünen Bundesminister-Novizen im Außen- und Wirtschaftsministerium anschaue, dann spüre ich tatsächlich ein wenig die sogenannte Zeitenwende, ein Begriff, den unser Kanzler Olaf Scholz so gerne in den Mund nimmt. Ist es eine Wende zum Guten? Glaubt der daran? Sein Zögern und Zaudern beim Treffen von Entscheidungen könnten einen verzweifeln lassen. Aber, wie gesagt, könnten. Hoffentlich bleibt er der Nachwelt nicht als Chamberlain 2.0 in Erinnerung. Das wäre fatal. Denn wie sagte schon Stalin: „Und willst du nicht mein Bruder sein, so schlag ich dir die Fresse ein. "

Ex-Präsident Barack Obama war da forscher: „Yes, we can." Mit der Einschätzung ‚Regionalmacht Russland‘ lag er allerdings voll daneben. Ein altes russisches Sprichwort sagt: „Nichts wird vergessen, niemand wird vergessen." Darauf können wir uns verlassen: Der Öl-Zar und seine Freunde werden nichts vergessen.

‚Cover Your Ass – ‚cya‘ basiert auf dem Ereignis ‚Militärische Sonderoperation‘ Mitte 2022 und eigenen Erfahrungen mit dem russischen Bären aus den ersten 2000er-Jahren, man könnte also fast sagen, auf Erfahrungen aus der guten alten Zeit. Und da wir gerade bei Klischees sind: Aus dem Duo „Russischer Bär" und „Gute alte Zeiten" kann schnell ein Trio werden, wenn der „Deutsche Michel" dazukommt. Sorry, muss natürlich heißen „Michaela und Michel." Gender-Konformität ist wichtig. Ob mit oder ohne Cannabis. Keine Frage.

Der Roman ‚Cover Your Ass‘ ist ‚cya‘-konform geschrieben in dem Sinne, dass ich davon ausgehen muss, dass er auch von Menschen gelesen wird, die es mit Menschenrechten und anderen humanistischen Werten nicht so am Hut haben. Wenn darunter die Lesbarkeit und Verständlichkeit leiden sollte, bitte ich vorab um Verständnis und wünsche Geduld beim Entschlüsseln.

Danke. Und diejenigen, die gerne puzzeln und ihre Gehirnwindungen trainieren wollen, werden bestimmt ihren Spaß finden.

Jetzt geht es los, der ‚Kaltmacher‘ wartet.

Romanfiguren:

Bertram Graf von Hohenegg	Freimaurer
Doroteya	Frau von Schultz
Dr. Hermann Hoch	Top-Manager
Juri	DUMA-Mitglied
Kamil	Partner von Paul
Klaus Schlubka	Ingenieur
Paul E. Stemmer	Der ‚Chef‘
Sascha	Dolmetscher von Juri
Schultz	‚Think-Tank‘, genannt TéTe‘
Svetlana	Chief Accountant

Die Inhalte dieses Romans beziehen sich in gleichem Maße auf Frauen und Männer. Aus Gründen der besseren Lesbarkeit wurde meist die männliche Form für Personenbezeichnungen gewählt. Die weibliche Form wird dabei stets mitgedacht.

Der Kaltmacher

Paul E. Stemmer und seine Relaxliege – das passte schon immer zusammen. Die aktuelle Ausgabe ‚DER SPIEGEL' lag auf seinem Schoss. Ein wenig freundlich dreinblickendes Gesicht verfolgte ihn, darunter die Headline ‚Der Kaltmacher'.

„Wahnsinn", fand Paul, „und draußen sind es mehr als 30^{0}C." Sollte er nun lachen oder weinen? Stattdessen schüttelte Paul sein graumeliertes Haupt und grummelte vor sich hin: „Mit dessen Clique hast du Projekte abgewickelt. Es ist noch gar nicht so lange her." Er konnte, besser gesagt, wollte es nicht glauben. Kurzerhand beförderte er das Magazin auf seinen antiken Schreibtisch, einen treuen Begleiter seit mehr als dreißig Jahren. Paul erinnerte sich an einen Tipp von Schultz, ein ehemaliger Kollege, sie hatten sich nach einem Missverständnis aus den Augen verloren, an eine alte sowjetische Redensart, gemünzt auf den Großen Vaterländischen Krieg gegen die Deutschen: „Niemand wird vergessen, nichts wird vergessen."

"Bling"!?

Paul richtete sich auf: "Was ist denn jetzt schon wieder los?" Er ging zu seinem Notebook und öffnete eine neue E-Mail:

"Dear Paul, it is with greatest sadness I have to bring you this sad news - my beloved husband passed away." Paul war geschockt: "Was? Wie? ‚TéTé?" Ziemlich in Gedanken verloren las er weiter: "We have 2 kids 14 and 9 and this tragic loss has left us paralyzed. Please pray for us - your Taiga-Project was one of the highlights of our life, and I thank you for that today. He was the Love of my life. He was my Rock. I don't know a life without him, but I must find a way to stand the ground to raise our kids. Yours, Doroteya. P.S. I gained access to our old email *account looking for something and came across your message by accident."*

Paul hatte sich auf seinem Pulthocker niedergelassen – ohne es zu bemerken. Zwei Tage später meldete sich erneut Doroteya, er hatte ihr natürlich sofort kondoliert:

„Dear Paul, he was 53 years old. When our son was born, he had 2 heart attacks. That time the doctors saved him. We had him for 9 more years. But we didn't expect him to just suddenly go like that. Working with you has inspired him to get more - and he was extremely successful towards the end of his life. He was a genius already when you met him, but he had gone very far ahead in those further years. Pushing Limits was an ongoing process. I was looking through our old pictures and found many where our russian collegues were visiting Austria, Dad, you, Juri and Sascha in a Russian banya. I have the greatest memories of that time, and I will cherish them forever. Thank you for writing back to me. And thank you for that message our Dad never saw - but I thank you on his behalf. Please know he never held a grudge over what happened - you did a lot for him and he appreciated you a lot. Love to you and yours, Doroteya."

„Cover Your Ass", Paul war fassungslos, "du hattest es mir beigebracht, und gerade dich hat es nun so früh erwischt. Limits pushen, das war unser Ding. Aber es gibt auch Limits, die wir respektieren sollten. Du hast den Wink des Schicksals bei der Geburt deines Sohnes vor neun Jahren wohl nicht verstanden. Scheisse. Volle Scheisse!" Paul wollte wissen warum, stierte zur Decke hoch. Dort fand er allerdings keine Antwort, nur einen achtarmigen Kronleuchter mit vier Birnen, die auch ihren Geist aufgegeben hatten. „Die auch" murmelte er vor sich hin.

Von einer Sekunde auf die andere war Paul in die Vergangenheit eingetaucht. Dad hieß eigentlich Schultz, hatte Paul lange gedacht, sein Spitzname war gesprochen ‚Tete, abgeleitet aus ‚Think-Tank', geschrieben TéTé, worauf er stets großen Wert gelegt hatte. Er zelebrierte gerne seinen frankophilen Touch, nicht nur mit Croissants am Nachmittag und Cabernet Savignon beim Dinieren. Paul setzte Schultz für Recherchen, Vertragsentwürfe und auch Strategieentwicklungen ein. TéTé redete wenig, mied Kontakt mit Menschen, antwortete auf Fragen ausweichend, übernachtete auf Geschäftsreisen stets in kleineren Unterkünften, die er selbst buchte und regelmäßig wechselte. Reisekosten rechnete er nie ab. Sie waren in seiner Pauschale inkludiert. Er erschien meist im Morgengrauen und beendete seine Arbeit weit nach Sonnenuntergang. Sein Verhältnis zu Kolleg/innen war unterkühlt, da er ausschließlich den Chef, also Paul, als Ansprechpartner auf Augenhöhe akzeptierte. Er meldete sich grundsätzlich nie mit Namen am Telefon und informierte Paul je nach Auftrag und Brisanz auf eine ihm sehr eigene Art, meist Dossier ‚Az' genannt. Zu Besprechungen erschien er nur nach besonderer persönlicher Aufforderung. Ansonsten glänzte er mit Verschwiegenheit und exzellenten Ergebnissen.

Paul hatte es bald aufgegeben, Schultz an seine Firmenregeln heranzuführen, denn bei TéTé gab es nur die beiden Optionen: Entweder, man nimmt ihn, so wie er ist, oder man versucht ihn zu ändern, dann hätte der ganz schnell den Abflug gemacht. Das wäre unklug gewesen, denn TéTé war gut, verdammt gut. Paul hatte sich schon frühzeitig für die erste Variante entschieden und es unterlassen, Schultz umpolen zu wollen. Da Schultz zu Beginn der Zusammenarbeit der Einzige in seinem Team war, der Englisch perfekt beherrschte, kein Wunder als Muttersprachler, hatte Paul ihn auch mit dem Übersetzen vertraulicher

Unterlagen sowie dem Dolmetschen bei Vertragsverhandlungen betraut. Und Schultz hatte Paul nie enttäuscht, ganz im Gegenteil. War er doch, laut eigenen Angaben nach einigen Glas Heurigen, Jahre vor seinem Engagement bei Paul im ‚Europe Headquarter' der US-Armee als ‚Purchasing Chief Negotiator' beschäftigt gewesen. Ging Schultz mit XL Manntagen in eine Verhandlung, als Vorgabe von Paul, kam er nie unter XL+ Tagen wieder zurück, um diebisch grinsend zu erwähnen, „that I must care for our future. Boss, perhaps it will happen soon."

Paul blieb lange ein Rätsel, was Schultz damit ausdrücken wollte. Er wusste nur, dass man bei ihm nie wirklich sicher sein konnte. Und es war ihm auch nicht entgangen, dass Schultz immer wieder von ‚cya' sprach. Als er ihn daraufhin angesprochen hatte, antwortete der ganz verschmitzt: „Chef, ‚cya' means", er machte eine Pause, „cover your ass", um dann in perfektem Deutsch zu erwähnen, „dass man dies in seiner ganzen Bedeutung nicht eins zu eins übersetzen könne. Englisch sei nicht so direkt, so hart wie Deutsch, anders als der Wiener Dialek, in gewisser Weise umfassender, mehr kosmopolitisch." Paul hatte akustisch alles verstanden, aber wie gesagt, nur akustisch.

Von Schultz selbst wusste Paul anfangs nur, dass der in Deutschland studiert hatte und neben seinem Job bei der US-Army als Sprachlehrer tätig war. So hatte er ihn auch kennengelernt, über eine kleine Anzeige im Wochenblatt: „Native Speaker hat noch freie Kapazitäten. Angebote unter Chiffre."

Der Umweg

Der ‚Kaltmacher' ließ Paul einfach nicht aus den Augen. „Wie sind wir eigentlich damals dahin gekommen? Begann das nicht mit einem kleinen Umweg über dieses noch so junge Land mit den hohen Bergen, einem Eldorado für Skifahrer mit kleinem Geldbeutel, als das alte Sowjetreich mitten in der Auflösung begriffen war? War eine harte, aber gute Zeit, oder? Na, mein Freund, was meinst du?"

Paul führte seit der Trennung von der Mutter seiner Kinder häufig Selbstgespräche, was er vorher nie gemacht hatte. Sie hatte sich nach zwei Jahrzehnten als ‚ama de casa', für ihn damals völlig überraschend von heute auf morgen neu ausgerichtet und einen ratlosen Familienvater zurückgelassen. Mit Tagebuch schreiben und Selbstgespräche führen hatte er begonnen, den Verlust eines geliebten Menschen und seines liebgewonnenen Lebens zu kompensieren und in neue Bahnen zu lenken.

Wer anfangs der 90er-Jahre, nach dem Fall der Mauer, als neugieriger Wessi oder risikobereiter Unternehmer, durch Städte wie Leipzig oder Erfurt fuhr, der wird das triste, dunkle Grau der Abgasschwaden und das noch düstere Grauschwarz der Häuserfassaden nie vergessen. So ähnlich roch, sah, fühlte es sich hier im Osten an, in einer Stadt, die in ihrer langen Geschichte auch mal einen deutschen Namen trug.

Um dorthin zu gelangen, gab es im Grunde genommen zwei Möglichkeiten. Man nahm entweder den ÖBB und erreichte sein Ziel nach einer mehrstündigen Fahrt über kurvige Landstraßen. Heute ginge es weitaus bequemer über autobahnähnliche Schnellstraßen. Oder man flog erst zu einem direkten Nachbarn des Opfers der ‚Militärischen Sonderoperation' und überwand dann die Serpentinen von Orava mit unzähligen Haarnadelkurven. Einhundertundsechzig Kilometer können sich allerdings sehr lange hinziehen, insbesondere wenn man immer wieder von ungelenken Holztransportern zu Schritttempo und unvorhersehbaren Fahrpausen genötigt wird. Diese Route war zwar landschaftlich viel reizvoller, aber wen interessierte schon eine intakte Natur, wenn der Kunde wartete, und die Lendenwirbelsäule verrückt spielte?

Durch diese Stadt floss in Ost-West-Richtung ein unscheinbarer Verkehrsweg. Sie war ein seit Jahrhunderten gewachsener Industriestandort, da sich bekanntermaßen auf und um Wasserwege herum vielfältige geschäftliche Aktivitäten entwickeln lassen.

Paul hatte damals mit seinem Team den ortsansässigen Platzhirsch in seinem Bestreben begleitet, einerseits schwarze Zahlen zu schreiben, andererseits eine erstklassige Adresse für Kunden im Westen zu werden. Und nicht nur das: Nachhaltigkeit, Umweltschutz und Arbeitssicherheit waren klar formulierte Ziele gewesen. Zusammengefasst ein sehr engagiertes Projekt in einer Zeit des gesellschaftlichen und wirtschaftlichen Umbruchs in ganz Europa.

Er erinnerte sich immer wieder gerne an das Board ‚Change & Development‘, damals die oberste Entscheidungsinstanz mit Vertretern von Aufsichtsrat, Geschäftsleitung, Betriebsrat und ihm als externem Berater. Nach einem etwas schwierigeren Projekteinstieg kannte und vertraute man sich mehr und mehr. Kein Wunder, wenn ein ambitionierter Projektplan, und damit die Erwartungen von Kapitalgeber und Eigentümer, im Soll liegen. Weniger gut sah es dagegen mit Pauls Rücken aus, der sich mehr und mehr gegen Betäubungsversuche immunisierte.

In seinem Hotelzimmer hatte Paul immer wieder versucht, sich am Türrahmen aufzurichten und damit seinen Rücken zu entlasten. Doch trotz mehrerer IBU 800 hielten ihn die unsäglichen Schmerzen fest im Griff. „Verdammt", fluchte er, „und in wenigen Tagen steht die wahrscheinlich einmalige Chance einer Präsentation für ein Mega-Projekt in den Tiefen der Taiga an. Oder ist es die Tundra?" Paul war plötzlich unsicher geworden, Taiga oder Tundra. Suchmaschinen klärten ihn rasch auf: „Taiga kommt aus dem Russischen und bedeutet dichter, undurchdringlicher, oft sumpfiger Wald."

Sein Vater hatte es dorthin in jungen Jahren im 2. Weltkrieg geschafft, Opfer eines hirnrissigen Projektes, die ‚Operation Barbarossa', die ihm um ein Haar das Leben gekostet hätte. Die waghalsige Flucht aus Gefangenlagern hatte er teuer mit einem Schädelbasisbruch bezahlt, doch er hatte überlebt, was nicht viele seiner damaligen Kameraden behaupten konnten.

Warum war es für Paul so ungemein reizvoll gewesen, das flächenmäßig größte Land auf dem Globus kennenzulernen? Er hatte einiges über ‚die Russen' gehört, nicht nur die üblichen Wodkageschichten, Doping-Vergehen oder Horrorstorys über das Geschäftsgebaren der Oligarchen, nein, es waren auch die Erzählungen seines Vaters gewesen, der das gemeine russische Volk kennen und schätzen gelernt hatte. Seinen Aussagen nach war es ihm in russischer Gefangenheit um einiges besser ergangen als in französischer. Und noch etwas anderes hatte in Pauls Kopf herumgespukt: Der russische Bär. Dieses Mal war es kein Elch.

Was hätte er tun können? Absagen? Unmöglich. Er hatte in den vielen Jahren seiner Selbstständigkeit noch nie einen Kundentermin abgesagt, selbst nach dem plötzlichen Tod seiner Mutter nicht. Verschieben? Auch nicht möglich, das wäre nur Futter für die Konkurrenz gewesen, die seit längerem darauf wartete, Pauls Pole-Position bei einem multinational tätigen Kunden zu attackieren. Das wollte er unter allen Umständen vermeiden, wobei ihm klar war, dass auch sein lädierter Rücken ein ernsthafter Kontrahent war.

Die Rettung hieß damals Kamil, ein jugendlich wirkender Mann, der einst von sich aus das Gespräch gesucht hatte. Er wirkte auf den ersten Blick neugierig, sympathisch, aber auch angespannt. Kein Wunder, sie unterhielten sich auf Englisch. „Warum Englisch?" wollte Kamil wissen? Paul machte es kurz: „Weil unsere Kunden das so erwarten." Aber auch er war nicht locker - die Wirbelsäule. So begann eine für beide erfolgreiche Zusammenarbeit, die jahrelang währen sollte.

Viele Jahre später, Kamil hatte sich mittlerweile zum Chef einer eigenen Beratung gemausert, wurde Kamil von Paul per E-Mail angesprochen und um Beantwortung einiger Fragen gebeten. Die Response hatte nicht lange auf sich warten lassen.

Paul reckte und streckte sich, ging zu seinem Stehpult, schloss eine verstaubte Festplatte an sein Notebook an. Nach wenigen Minuten lächelte er selbstzufrieden vor sich hin: „Da ist sie."

„ ... Jetzt zu Deinen Fragen, ich erinnere mich ganz gut. Weil es für mich wichtig war. Du wolltest wissen, wie unser Kontakt zustande kam. Es war so, dass ich einen Job gesucht habe. Mein Vater hatte mir gesagt, dass er weiß, wenn man dahin will, muss man ,durch eine deutsche Mauer' kommen. Er hatte mir einen Telefonkontakt besorgt und das war dein Handy. Ich habe angerufen, war überrascht, als sich ein Niemand meldete, mich sofort an einen anderen übergab, der kurzerhand mit mir einen Termin vereinbarte. Ein Herr Schultz hat Kaffee ohne Ende getrunken als er mit mir ein Gespräch führte. Ich denke, er hat meine Motivation geprüft. Und plötzlich in der Mitte des Gespräches

fragte er mich, ob ich nicht mit euch zusammenarbeiten will. Das Gespräch fand ich sehr anstrengend. Ich hatte das Gefühl, dass er glaubt, dass ich viel zu jung und idealistisch wäre. Abgesehen davon muss ich zugeben, dass er schon damals ein sehr guter Beobachter war. Letztendlich hat er den Kontakt zu dir hergestellt, wofür ich ihm bis heute dankbar bin.

Kurz danach habe ich bei dir angefangen, unser erstes Projekt war ‚Change & Management‘. Mit Schultz habe ich die erste Zeit verbracht, du bist seltener gekommen. Von ihm habe ich in dieser Zeit eine ‚harte Schule‘ bekommen. Später habe ich dann auch mehr mit dir gearbeitet, als du mich nach Russland mitgenommen hast.

Du hast mich auch nach meiner Motivation gefragt. Am Anfang muss ich zugeben, habe ich nur zwei Motivationen gehabt: Fremdsprachen und Geld. Und ich habe euch unterschätzt, habe mir die Frage gestellt, was kann eine kleine Beratung einem großen Konzern bringen? Erst nach einigen Monaten habe ich begriffen, dass ihr echt added Value bringt. Dich habe ich immer als irgendwie anders gesehen, kreativ, mit einfachen, aber sehr klaren Prinzipien und einer sehr direkten Kommunikation. Bei dir habe ich nur selten das Gefühl gehabt, dass du mein Chef bist. Du hast mich immer beim Klienten gefördert. Und noch eines hast du hervorragend gemacht: Du hast mich mit Aufgaben beauftragt, wo du sicher warst, dass sie meinen Stärken entsprechen. Mit anderen Worten, du warst ein Chef, mit dem ich richtig Freund sein konnte. Damit ich aber fair bleibe, muss ich zugeben, dass ich auch sehr viel von Schultz und den anderen gelernt habe, obwohl es nicht immer mit ihnen einfach war und unsere Beziehungen eher professionell geblieben sind. Ich schätze euch alle sehr hoch und erinnere mich oft an euch. Zum Schluss habe ich eine Frage an dich: Was war das denn nun wirklich für eine Geschichte mit dem Bären, oder war es ein Elch, damals? Herzlichst Kamil.“

Paul lehnte sich entspannt zurück: „Ja ja, der Kamil. Ein schlaues Kerlchen. Wie gut, dass ich ihm damals diese Präsentation über das Taiga-Projekt zugetraut habe. Sicher hatte ich auch Glück, dass uns so einer, mir nichts dir nichts, über den Weg gelaufen war, der mehrere Jahre Russisch in der Schule und an der Uni gelernt hatte und verhandlungssicher in Englisch war. Er war einfach der richtige Mann, zur richtigen Zeit, am richtigen Ort.“

Der Eiserne Vorhang

Paul konnte sich nicht von dem ‚Kaltmacher' befreien, der ihn, wie er zuspüren glaubte, mehr als nur zweifelnd anstarrte. „Zweifel?" Paul war verstummt, „woher hattest du eigentlich den Mut, ein solches Projekt in den Tiefen und Weiten der russischen Taiga anzustreben? Wer pushte dich?" Paul dachte längere Zeit nach, wurde schon ungeduldig, als ein langer, hagerer Schlaks vor seinem inneren Auge erschien.

Es war so Anfang der siebziger Jahre gewesen, als seine damalige Nachbarin den Kontakt zu einem ihrer Neffen herstellte. Nachdem sie erfahren hatte, dass die Mensa Pauls einzige Futterstätte war, hatte sie ihn ab und an zum Schwammerln-Essen eingeladen. Und alle zwei Wochen zum Kegeln. Ein drahtiger junger Mann, kaum älter als Paul, war von Anfang an dabei gewesen. „Ich bin der Lange", eine prankenförmige Klaue hatte sich ihm genähert, „und du bist der immer hungrige Student?"

„Der Lange" sollte Jahre später zum Idol vieler Rally Fans werden. Durch ihn durfte Paul erfahren, dass man in einem Opel Ascona mit mehr als hundert Stundenkilometern durch enge, schneebedeckte Kurven brettern kann. Okay, um Weltmeister zu werden, muss man sicherlich Besonderes leisten. Das war aber nicht der eigentliche Punkt. Paul faszinierte, dass Walter der normalste Mensch war, den man sich vorstellen konnte, immer freundlich, höflich, bescheiden, der Traum einer jeden Schwiegermutter. Hatte er jedoch das Cockpit seiner Rennkarosse eingenommen, dann schien es für ihn keine Grenzen mehr zu geben. „Ob der sich an der Hummel orientiert, die, unbeeindruckt von allen physikalischen Gesetzen, einfach fliegt? Und warum macht sie das? Weil sie es unbedingt will?"

Zu dieser Zeit verdiente dieser Mann sein Geld noch nicht mit Rally fahren. Es war Paul lange nicht klar, wie es zu schaffen war, ein derart zeitaufwändiges Hobby mit dem Aufbau einer beruflichen Existenz zu vereinbaren. Auch das eine Meisterleistung, die man in keinem Lehrbuch nachlesen kann.

Apropos Lehrbuch: Von der wunderschönen Stadt an der Donau aus, Kaiser Karl V. zeugte hier einst einen Sohn, war die ‚Goldene Stadt‘ in wenigen Stunden zu erreichen. Da der ‚Eiserne Vorhang‘ für langmähnige Studenten mit dem ‚Kapital Band 1-3‘ von Karl Marx auf der Rückbank eines VW-Käfers nicht undurchlässig, und die Deutsche Bücherei der DDR ziemlich leicht zu finden war, konnte man hier für manch fehlendes Buch in der Uni-Bibliothek eine interessante Alternative auftun. Da zudem die Buchpreise, umgerechnet in ‚D-Mark‘, ein Schnäppchen darstellten, lag es für einen Studenten der Politischen Ökonomie nahe, grenzüberschreitende Gedanken in Richtung Import von Lehrbüchern zu entwickeln.

Bald waren das Standardwerk „Wahrscheinlichkeitsrechnung und mathematische Statistik“ von Marek Fisz als auch „Band 1 bis 3 des Kapitals“ fester Bestandteil Pauls ersten Businessmodells. Die Papierqualität erinnerte zwar mehr an Butterbrotpapier, aber irgendwie hatten die Bände etwas Besonderes an sich. Damit rollte zwar nicht der große Rubel, doch stand es dem mageren Budget eines Studenten ganz gut zu Gesicht. Voraussetzung war allerdings, dass man vorab das Spritgeld zusammenkratzte und moral-ethische Einschränkungen à la Kooperation mit dem Klassenfeind gar nicht erst aufkommen ließ, was nicht schwierig war, da Paul an in Wirtschaftstheorie von einem bekennenden Anti-Kapitalisten ausgebildet worden war.

War es Zufall oder Fügung, dass eine spätere Legende des Sports Pate seiner ersten unternehmerischen Aktivität geworden war? Paul wird nie das zustimmende Lächeln vergessen, als sie sich über seine Import-Aktivitäten austauschten. Irgendwie hatte er ihm Mut gemacht, den ‚Eisernen Vorhang' zu überwinden. Bedenkenträger sehen anders aus. Das wäre auch ein Ding der Unmöglichkeit gewesen für einen, der sich vorgenommen hatte, jede Strecke, bei Regen, Eis oder Schnee, perfekt zu beherrschen. Saß man neben ihm, Adrenalin pur.

Eiserne Vorhänge überwinden sah Paul im Nachhinein analog zu Schnee und Eis in der Taiga oder Hitze und Sand in der Sahari. Er wird aber auch seine Anspannung nie vergessen, als beim ersten Mal die Grenzanlagen näherkamen, die Umrisse bewaffneter Grenzsoldaten deutlicher wurden. Ein Horrorszenario. Und da das Gebläse seines nicht mehr taufrischen Käfers längst seinen Geist aufgegeben hatte, hätte man seine Adrenalinausstöße direkt auf der Windschutzscheibe ablesen können. Hätte.

Zum Glück waren die Wiederholungsfahrten von Mal zu Mal relaxter verlaufen, woraus Paul lernte, dass der Mensch an sich ein sehr anpassungsfähiges Wesen ist, auch im Umgang mit Risiken und realen Bedrohungen. Wenn der erste Schritt einmal getan ist, man zudem den Erfolg seines Tuns im Portemonnaie realisiert hat, können die nächsten Schritte schnell zu einer neuen Normalität, bis hin zur Selbstverständlichkeit, werden. Voraussetzung ist allerdings, dass man es wirklich will.

Für Paul war klar, der Lange' hatte ihm damals die restlichen PS verliehen, ein für seine Verhältnisse absolutes Mega-Projekt im flächenmäßig größten Land der Erde für sich gewinnen zu wollen.

Der Maulwurf

Dreht man das Rad der Geschichte zurück zu Beginn des 21. Jahrhunderts, schaut ‚der Graf' aus seinem Büro in die seit Tagen verregnete Stadt der weltbekannten Festspiele: „Von wegen ‚Jedermann'." So menschenleer hat er die Getreidegasse schon lange nicht mehr gesehen. Er schüttelte mehrmals sein licht gewordenes Haupt und murmelte vor sich hin: „Nein, nein, das ist nicht zu fassen. Das ist unglaublich. Das ist ‚totally crazy'. Der Stemmer, dieser gerissene Hund, setzt uns einen dicken, fetten Maulwurf ins Nest. Mitten in die Kommandozentrale. Kein Wunder, dass die uns meist einen Schritt voraus waren. Und wir dachten schon, der besäße hellseherische Fähigkeiten. Der setzt uns ein kaffeebraunes Arbeitstier in das Steuerungsgremium. Und wir sind noch happy, endlich einen zu haben, der Protokolle und Entscheidungsvorlagen in kürzester Zeit auf Englisch und Russisch übersetzt. Und Französisch spricht der auch – fließend. Was ein Schachzug. Da haben selbst die Schnüffler Bauklötze gestaunt. Das ist nicht alltäglich, das ist ‚gorgious'."

Bertram Graf von Hohenegg war in einer merkwürdigen Verfassung. Einerseits hasste er diesen Maulwurf einschließlich dessen Meister, andererseits bewunderte er Macher. „Das ist hammerhart, das ist perfekt, na ja, fast perfekt. Zum Glück bin ich denen noch auf die Schliche gekommen. Allerdings sehr, sehr spät. Wie gut, dass ich diese Checks ab und zu veranlasse. Wie tief ist die Menschheit doch gesunken? Gut, dass zumindest wir, na ja, einige Brüder kann man auch vergessen, noch an das Gute in der Welt glauben. Die Arbeit am ‚Rauhen Stein' ist in der Tat keine einfache, aber eine lohnenswerte", er war sich sicher, „wir kämpfen für eine bessere Welt, eine Welt in der Werte, unsere

Werte wie Loyalität, Treue und Verschwiegenheit, noch was zählen." Oder sprach sich der Graf Mut zu?

Direkt vor ihm lag auf einem gläsernen Designertisch das letzte Protokoll seiner Agenten. Er ging es noch einmal durch, Zeile für Zeile, als wolle er es inhalieren, die Zusammenfassung über Michael Schultz, alias Michel Clement, alias Mikael Ranson, alias Mikel O'Hennan alias Mikael Dimitry Gorchevsky. Dieser Schultz, dieser sogenannte Schultz, war im Besitz mehrerer Reisepässe. Einige hatten die Geheimdienstleute, war es Zufall oder nicht, in einem alten Aktenkoffer entdeckt, der verschlossen in einer Ecke des Projektbüros stand. Schultz schien in der Szene kein Unbekannter zu sein. Er hatte den Berichten zufolge schon für mehrere Dienste gearbeitet, es jedoch immer wieder geschafft, genau im richtigen Moment abzutauchen. Wie man von einem Ex-Marine erwarten kann, er war exzellent ausgebildet, vorzügliche Allgemeinbildung, Studium der Politologie und Germanistik in London und Frankfurt, Einser-Examina, gute, salonfähige Manieren. Und er war ein Sprachgenie, das in wenigen Jahren einen Level in Russisch erlangt hatte, das ihn berechtigte, an russischen Universitäten zu lehren, was nur sehr wenige schaffen, wenn sie es überhaupt schaffen. Sein genaues Alter war nicht bekannt, den Pässen zufolge zwischen zweiunddreißig und dreiundvierzig Jahre.

Auch Paul hatte einst schnell Gefallen an Schultz gefunden, der nie viel fragte, dafür viel wusste und sehr lernfähig war. Kurzum ein idealer Kandidat für einen international tätigen Berater. Und besonders teuer war er auch nicht. Warum das so war, sollte Paul später erfahren - bei Schultz war brutto immer gleich netto. Er wollte kein Gehalt oder garantiertes Fixum, sondern arbeitete ausschließlich erfolgsabhängig.

Aus der Zusammenarbeit mit Schultz hatte Paul eine Menge gelernt. Er war der beste Englisch Lehrer gewesen, den man sich wünschen konnte, denn er hatte zum ersten Mal in seinem Leben verstanden, dass im angelsächsischen Sprachraum die Uhren anders ticken als auf dem Festland. Den ‚Polite Approach‘ fand er absolut faszinierend, da man ja nicht unbedingt seinem Gegenüber immer die nackte Wahrheit präsentieren muss. Es geht auch weniger direkt, oder anders ausgedrückt, eleganter. Übrigens, für einen echten Wiener fast undenkbar. Daher hatte Paul sich vorgenommen, nur noch Partner in sein Team aufzunehmen, die Englisch verhandlungssicher beherrschen.

Paul war im Laufe der Jahre zu einem unbeirrbaren Verfechter exzellenter Ergebnisse geworden. Und er hatte schon immer ein Faible für klassische Win-Win-Situation, von denen alle Beteiligten profitieren. ‚Faule Kompromisse‘ hasste er, da diese nach seiner Einschätzung Ausdruck mangelnder Kreativität und fehlender Bereitschaft waren, mehr Zeit in bessere Lösungen zu investieren, beziehungsweise von festgefahrenen Standpunkten und Sichtweisen abzurücken. Als Beispiel führte er immer wieder die ritualisierten Verhandlungsrunden der Tarifvertragsparteien an. Für ihn war das zeit- und resourcenraubendes Profilierungstheater von Amateuren und Ewiggestrigen. Auch heute noch kann er nur den Kopf schütteln, wenn er hört, dass das Lufthansa Bodenpersonal streikt, in einer Situation, in der die Menschen nach zwei Jahren Corona-Isolation nach Urlaub lechzen, und sie zudem nicht wissen, ob und wann der ‚Kaltmacher‘ seine Drohungen wahr macht. Das hat in Pauls Weltbild wenig mit Unabhängigkeit der Tarifvertragsparteien zu tun, absolut nicht, das ist für ihn Verantwortungslosigkeit, Egoismus in Reinform.

Wie auch immer, in den damals laufenden Projekten schien alles zu passen. Und es sah nicht danach aus, dass sich das ändern sollte. Allerdings wusste Paul nicht, was der Graf wusste. Es war eine merkwürdige Situation. Der Graf dachte, Paul wäre in einige mysteriöse Vorfälle involviert. Paul wiederum meinte, der Graf sei einer der Strippenzieher. Und Top-Manager Dr. Hermann Hoch hatte keinen der Beiden in Verdacht, wusste aber auch nichts von der Geschichte mit Schultz. Er hatte sich bisher aus jeder Kollaboration mit Geheimen herausgehalten und den Grafen gebeten: „Du, ich will meine weiße Weste behalten. Mach mal das mit denen. Du kennst dich da besser aus. Ich kümmere mich um unsere neue Akquisition. Es ist jetzt Zeit, dass wir voll angreifen. Ich habe da einen Mega-Deal ins Auge gefasst. Wenn wir das hinbekommen, sind wir fein raus. Dann spielen wir in der Champions League und können auch einen Strategiewechsel wagen: Weg von diesen Einzelstandorten, hin zu vollintegrierten Fabriken. Stell dir mal vor, wir schaffen es, unsere Produkte von der eigenen Baumpflanze schlussendlich bis ins Regal unserer Kunden zu bringen, alles fest in unserer Hand. Keine Abhängigkeiten mehr von Zulieferern und den Weltmarktpreisen. Wir bestimmen diese dann. Na ja, nicht ganz allein, aber zumindest hier und im gesamten Osten. Ich bin mir sicher, dass wir das schaffen können. Aber eines musst du mir versprechen.“

Der Graf hatte aufmerksam zugehört und war gespannt, was nun kommen sollte: „Bert“, fuhr der fort, „du musst von deinem Grundsatz abweichen, Berater nicht länger als drei Jahre zu engagieren. Mach hier eine Ausnahme. Diesen Stemmer dürfen wir nicht an die Konkurrenz verlieren. Du weißt, die Nordeuropäer sind auf den aufmerksam geworden. Was die neulich auf der Verbandsjahrestagung geäußert haben, klang nicht gut. Die sind richtig heiß auf diesen Wunderknaben aus", Dr. Hoch stockte, „sag mal, von wo stammt der überhaupt? Deutschland, Österreich, Schweiz?" Der Graf lächelte vielsagend: „Hermann, vielleicht kommt der aus dem ehemaligen Deutschafrika. Ist tierisch gut, mich würde nicht wundern, wenn der ein Raubtier im Stammbaum hätte. Aber, Scherz beiseite, der ist nicht reinrassig, der hat eine Doppelstaatsbürgerschaft, Österreich und Spanien, und dann noch germanische Wurzeln. Paul E. Stemmer, Paul Ernesto Stemmer. Du verstehst?"

„Was?" entfuhr es Dr. Hoch, „Ernesto? Kein Wunder, dass der so durchsetzungsstark ist. Wenn ich einen Stier im Stammbaum hätte." Der Graf unterbrach ihn mild lächelnd: „Hermann, das wäre dann doch zu viel des Guten, meinst du nicht auch?" Dr. Hoch schmunzelte, schien erleichtert: „Okay, wir verstehen uns. Mach dem Stemmer weiter Dampf, ködere ihn mit einem langfristigen Rahmenvertrag. Wir marschieren jetzt gen Osten." „Jawohl" attestierte ihm der Graf, „wir marschieren, erst gen Osten, und dann ab in den Busch."

Graf von Hohenegg war auf dem Weg zu seinem Büro in der dritten Etage, als er kurz innehielt: „Das mit dem Stemmer wird erledigt, wie Hermann das wünscht. Aber er hat nicht verlangt, dass auch dieser Maulwurf bei uns alt wird. Der Stemmer soll ruhig mal einige Zeit die bleihaltige Luft im Zarenreich inhalieren. Die Winter sind dort bekanntlich lang, dunkel und eisig. Da kann viel passieren. Und dieser sogenannte Schultz, der kann sich schon mal warm anziehen, es könnte sehr kalt werden. Oder doch eher heiß?" Er lächelte zufrieden vor sich hin: „Bert, Bert, warum denkst du gerade jetzt an den Umbau des Heizkraftwerkes? Der Stemmer müsste demnächst vor Ort sein. Und dann ist der Schultz sicher auch nicht weit weg. Er öffnete die

Tür seines Büros und ging schnurstracks zum Telefon: „Tomy, kannst du mir einen Gefallen tun?"

Die Logik

Schultz nahm nie vor ‚High Noon' eine Mahlzeit ein. Als Paul gemächlichen Schrittes zum Frühstück kam, empfing ihn Dr. Hoch mit einem süffisanten Gesichtsausdruck. Da bekanntlich Lächeln der kürzeste Weg zwischen zwei Menschen ist, und das nicht nur in China, erwiderte Paul das „Morgen Meister" auf die ihm eigene Art: „Au". Wer eher wortkarge Dialekte kennt, weiß, dass in manchen Sprachräumen diese Erwiderung ziemlich nahe an eine überschwängliche Begrüßung heranreichte. Paul setzte sich ihm gegenüber, versuchte, seine Gedanken zu sortieren.

„Und wie, schnurrt das Hirnkastl schon wieder?" hörte er in bestem Wiener Dialekt. „Hä", lautete seine kurzsilbige Reaktion, „da ist um diese Uhrzeit meistens noch etwas Sand im Getriebe." Die zwei kannten sich seit Jahren, hatten in schwierigen Zeiten gemeinsam Projekte erfolgreich umgesetzt, und freuten sich nun auf das Frühstück beziehungsweise das Buffet, das für hiesige Verhältnisse wenig missen ließ. Dr. Hoch stand auf, ein gekochtes Ei wartete auf ihn. „Au oans?" wollte er wissen. „Gerne" antwortete Paul, „ein Ei am Morgen ist immer willkommen. Ob vier, fünf oder sieben Minuten ist unwichtig, Hauptsache Freilandhaltung." Kurz darauf wurde ihm sein Ei im Stil eines Kaffeehaus-Oberkellners serviert: „Gnä Herr, i ken' des Vieh persönlich. Sie kenn' sich auf mi verlassen." Paul strahlte: „Sehr wohl Johann, sorry Dr. Hoch, dös is brav".

Arbeitet man längere Zeit im Ausland ist es unvermeidbar, dass sich der eigene Wortschatz anpasst, bei dem einen mehr, dem anderen weniger. Und Paul mochte schon immer Dialekte, die für ihn Kulturgut darstellten, das geschützt werden sollte: „Zumindest dös is fix." Als Schultz dies zum ersten Mal gehört hatte, musste der herzhaft lachen: „Great, ‚ticis‘, this is cast in stone. And I thougt, ‚fix‘ hieße so was Ähnliches wie ‚rasch‘.“

Bald erschien Kamil auf der Bildfläche, ein auch in der privaten Nachwuchsentwicklung erfolgreicher Familienmensch. Er hatte Paul schon nach wenigen Tagen der Zusammenarbeit mit seiner Zuverlässigkeit, seinem Händchen für das Machbare und seiner sozialen Kompetenz überzeugt und stand auch bei widrigen Umständen zu seinem Wort, anders ausgedrückt, er hatte Eier in der Hose. Gemeinsam war den Dreien, dass sie Zuverlässigkeit und Pünktlichkeit liebten und bereit waren, ungewöhnliche Wege einzuschlagen, wenn es galt, herausfordernde Ziele zu realisieren. Aus diesem Grund tagten sie hier.

Spät am Abend hatten sie bei dem einen oder anderen Glas Rotwein den Tag ausklingen lassen und waren, wie so häufig, bei kosmopolitischen Fragestellungen gelandet, die unbedingt mitten in der Nacht diskutiert, besser noch gelöst werden mussten. Das passierte nicht das erste Mal, es war fester Bestandteil ihrer Zusammenarbeit. Irgendwann, es war wohl nach Mitternacht, hatte Paul die Runde verlassen. An eine genaue Uhrzeit konnte er sich nicht erinnern. Auch hätte er keine eidesstattliche Erklärung abgeben können, dass vor dem Schlafengehen die Zähne geputzt worden wären.

Bedingt durch eine eher unkontrollierte Flüssigkeitsaufnahme im Laufe des Abends animierte ihn im Halbschlaf ein inneres Organ in Richtung ‚Haiserl‘ zu gehen. Gesagt getan. Als Paul erleichtert zurück in Richtung seines Bettes wandelte, sah er vor seinem Fenster etwas Ungeheuerliches Ungeheuer stehen. Es stand vor ihm, blickte ihm direkt in die Augen, schien ruhig, relaxt zu sein, was bestimmt nicht Pauls Seelen- und besonders Geisteszustand entsprach. „Spinnst du jetzt total?“ wollte er wissen, „was ist denn das? Ein Produkt aus Ibuprofen, Novalgin und Merlot? Ein Hirngespinst? Oder ein Traum? Hallo, Paul Ernesto.“

Alles schien denkbar. Erst als Paul mit der Nase die Fensterscheibe touchierte, dämmerte ihm, dass das so etwas wie ein Bär sein könnte. Sie blickten einander an, ganz nach dem Motto ‚schau mir in die Augen, Kleiner.‘ Plötzlich drehte sich das Vieh gemächlich um und trottete von dannen. Nach einiger Zeit wurde es mit jedem Schritt kleiner und kleiner, bis Paul es ganz aus den Augen verloren hatte. Benommen verkroch er sich ins Bett und versuchte, mit diesem Erlebnis der besonderen Art klarzukommen. Wie auch immer, irgendwann hatte der Schlaf die Oberhand gewonnen. Allerdings nicht für allzu lange. Der Wecker klingelte um halb Sieben: der Setup-Modus griff. Paul konnte sich auf ihn verlassen.

Am nächsten Morgen was es unten im Frühstücksraum auffällig ruhig. Es lag was in der Luft. Paul ließ kurz die Augen kreisen, spürte erwartungsvolle Blicke. „Is was“? rutschte ihm über die Lippen. Er nahm flüchtigen Blickkontakt mit Kamil auf und war sich sicher, dass es nicht mehr lange dauern würde. „Wer glaubt an Bären als Haustiere?“ fragte Dr. Hoch in die Runde und grinste breit über das ganze Gesicht, „eigentlich müsste das unser Meister doch am besten wissen.“ Kamil musterte Paul: „Stand ein solcher nicht vor deinem Fenster heute morgen, oder täusche ich mich?“ „Ist nicht ausgeschlossen“ erwiderte Paul, „irgendwas oder wer war wohl da. Aber ich bin mir nicht ganz sicher, was es war.“ „Ja, ja“ hörte er, „Rotwein ist vielleicht doch nicht immer die beste Medizin.“

Dr. Hoch als auch Kamil hatten im Laufe ihrer Zusammenarbeit mit Paul das konventionelle Vertriebsdenken hinter sich gelassen und waren bereit, neue Pfade zu gehen. So ließen sie sich weder von trickreichen hausinternen Benchmarks noch vollmundigen Marketing-Floskeln abhalten, sich primär auf den Erfolg des Kunden zu fokussieren, und erst sekundär ihren eigenen Profit zum Maß aller Dinge zu machen.

Das war etwas Besonderes, denn viele Manager denken noch heute in kurzfristigen Kategorien von Quarterly Reports, EBIT und ROCE. Um fair zu bleiben, auch Top-Manager bekommen Weisungen und massiv Druck von denen, die sich Kapitaleigner nennen. Residieren die zudem auf einem anderen Kontinent, verwöhnt von Margen aus dem Mining von Klunker-, Glitzersteinen und seltenen Erden, dann darf man kaum Verständnis für die Realitäten eines aufstrebenden europäischen Produzenten in einem traditionellen Produktsegment erwarten.

Paul war überzeugt, dass in Winner-Teams andere Regeln als in der herkömmlichen Mathematik gelten. Nehmen wir zum Beispiel ein Team mit fünf Mitgliedern, dann kann 5 x 1 weit mehr als 5 ergeben. Adam Riese mag das verzeihen. Das hat nichts mit Hexerei oder Hokuspokus zu tun, sondern ausschließlich mit Teamgeist, Stärkenmanagement und Disziplin. Wie anders ist sonst zu erklären, dass Paris St. Germain regelmäßig in der Champions League ausscheidet, während andere Teams vorneweg marschieren? Sie haben Trainer, die keine Sprüche kloppen, sondern aus Niederlagen lernen, wie aus einer Ansammlung begabter Kicker Spitzenteams entwickelt werden können. Übrigens, Paul sprach in seinem Job nie über seine Leidenschaft Fußball. Warum? Das sollte eines seiner Geheimnisse bleiben.

Erfolgreiche Führer, Teamleader wissen, dass sie dauerhaft weder Menschen, Erfolge, noch das Glück festhalten können. Ob es für Erfolg ein Grundprinzip gäbe, wurde Paul des Öfteren gefragt. Er antwortete stets: „Ich denke es ist die Fähigkeit des Fließen-Lassens, das allerdings sehr viel Vertrauen in andere, aber auch in sich selbst erfordert." Und Dr. Hoch vertraute Paul, dessen Team, sich selbst - und dem Grafen.

Der geniale Psychologe Mihály Csíkszentmihályi gilt als Schöpfer der Flow-Theorie. Gelingt deren Umsetzung in die betriebliche Praxis, kommt schnell ungeahnte Dynamik auch in schwierige, komplexe Projekte. Genauso wie ein mächtiger Bär vor einem Schlafzimmerfenster sehr real sein kann, gilt dann das normale 1x1 nicht mehr, sondern folgt einer eigenen Logik.

Große Schachspieler waren schon immer logische Denker. Paul kannte manch russischen Großmeister, der seine Gegner zur Verzweiflung bringen konnte, was allerdings seiner Euphorie bezüglich des Taiga-Projektes den ersten Dämpfer eingebracht hatte: „Das sind Logik-Fans, für die jede Wirkung eine Ursache und jede Ursache eine Wirkung hat. Ob ich die von Gruppendynamik, Limits pushen oder mentalen Psycho-Techniken überzeugen kann? Wenn ich da an das Thema Doping denke, stehen die wohl mehr auf harte Sachen, ob erlaubt oder nicht, das spielt keine Rolle."

Paul musste ab und zu auch an den Kampf Davids gegen Goliath denken und griente dann vor sich hin. Ja, er war bereit, den Kampf mit dem russischen Bären anzunehmen, wider jede Logik und notierte in sein Projekt-Log-Buch: ‚Bär' steht für Größe, Schrecken und Logik.

Der Kick

Nach seiner Rückkehr vom Bären-Erlebnis lümmelte Paul wenig rückengerecht in seinem rosafarbenen Benz-Sessel herum und zappte ziellos durch das TV-Programm. IBU 800 hatte mal wieder die Regie übernommen, das heißt, die Schmerzen hatten sich zeitweilig verzogen, zu dem Preis eines Dämmerzustandes. In Gedanken irgendwo in der Taiga weilend, schreckte er plötzlich auf, war hellwach und vernahm, dass ein Box-Champion sich vor kurzem einer Bandscheibenoperation unterzogen hatte und bereits nach sechs Wochen schon wieder voll trainierte. Wahnsinn! Er konnte es kaum glauben. Bisher hatte man ihm stets mit mehrmonatigen Auszeiten gedroht, verschraubt und versteift zur Untätigkeit verdonnert.

Paul drehte sofort die Lautstärke hoch, lauschte mit gespitzten Ohren dem Interview. Wie sich heraus stellte war es ein Spezialist aus den USA, der den Boxweltmeister operiert hatte „... minimal invasiv ... vierter, fünfter Lendenwirbel ... Klinik ... .“

Schade, dass er den Anfang der Sendung nicht mitbekommen hatte. Aber immerhin, jetzt war ihm zumindest klar, wo er sich untersuchen und beraten lassen könnte. Und zwar rasch, denn so konnte es nicht weiter gehen. Er hatte verstanden, vielleicht auch endgültig akzeptiert, dass seine leidigen Rückenprobleme auf dem Vormarsch waren, ihm seinen weiteren Lebensweg zu diktieren, Lebensqualität aufzufressen, und ihm die Grundlage seines Daseins, seine Bewegungsfreiheit zu rauben.

Als der Termin mit dem Neurochirurgen vereinbart war, freute sich Paul, wohlwissend, dass es keine Operation ohne Risiken gibt – Ausgang ungewiss. Er quälte sich schwerfällig aus seinem Sessel, schlich gebückt ins Arbeitszimmer, griff sich den Ordner

,KV' und warf im Stehen fragende Blicke auf die letzten MRT-Aufnahmen. Wie oft hatte er diese in den letzten Jahren angeschaut? Paul schüttelte den Kopf. Er wusste nur, auch die besten Bilder können ihm keine Entscheidung abnehmen. Selbst Profis tun sich schwer mit der Interpretation, geschweige denn einer Empfehlung, da Bandenscheibenvorfälle zwar obkektiv diagnostizierbar sind, das Schmerzempfinden jedoch eine höchst subjektive Geschichte ist.

Das Gespräch mit dem Spezialisten verlief in einer sehr angenehmen Atmosphäre. Paul wurde verständlich erläutert, dass die Röntgenbilder einerseits klar zeigen, dass ein ,lumbaler Bandscheibenvorfall L5-S1 medial links' vorläge, dass das andererseits aber nicht zwingend bedeute, dass man sofort zur OP schreiten müsse. Dann fiel der entscheidende Satz: „Es ist einzig und allein eine Frage ihrer Lebensqualität, ihrer Zukunft, über die nur sie allein entscheiden können. Lassen sie sich Zeit. Falls sie mich brauchen, ich stehe zur Verfügung." Paul atmete schwer, stand voll unter Druck, überlegte kurz, sein Hals fühlte sich staubtrocken an, und entschied kurzerhand: „Bitte geben Sie mir den nächstmöglichen Termin. Ich will, was sein muss."

Der Termin nahte. Die Operateure machten einen guten Job, wie sich später herausstellen sollte. Sie hatten dokumentiert: „Denervierung des kleinen Wirbelgelenks L5-S1 bds. / Synovektomie bds; Interlaminäre Fensterung L5-S1 bds. mit Foraminotomie bds. und Erweiterung nach kausal links; Bandscheibenausräumung L5-S1; Restabilisierung mit B-Twin IVH." Paul glaubte ihnen alles, obwohl er in der Zwischenzeit ein kleines Nickerchen gemacht hatte. Knapp vier Stunden, die Profis bezeichnen es als Naht-Schnitt-Zeit, hatte die Arbeit gedauert, minimal-invasiv, an und in seinem Rücken.

Am späten Nachmittag, also direkt nach der OP, Paul dämmerte vor sich hin, kam sein Operateur mit Gefolge und konstatierte: „Das sieht doch gut aus. Die Reha beginnt Herr Stemmer. Raus aus den Federn. Wir machen jetzt einen kleinen Spaziergang durch das Zimmer." Paul war komplett überrascht und fragte: „Mit oder ohne Katheder?" Der Doc lächelte ihn an: „Die Entscheidung liegt bei Ihnen." Er hatte verstanden.

Gegen Abend klingelte das Telefon: „Kamil hier. Ich mache es kurz. Wir haben den Bären im Sack. Pack schon mal die Koffer und schick denen einen Vertragsentwurf für unser Taiga-Projekt zu. Auf Russisch und Englisch. Ach ja, wie ist deine OP verlaufen?" Paul wollte antworten, doch er hörte: "Übrigens, hast du schon einmal was von ‚Gulag' gehört? Ich muss, du verstehst."

Paul lächelte zufrieden vor sich hin und dämmerte weg. Der Tag war anstrengend gewesen.

Dossier ‚<u>Zo</u>‘

Wenige Wochen nach dem Anruf von Kamil war Paul noch immer guter Dinge: „Wie heißt das noch mal, nach dem Spiel wäre vor dem Spiel? Richtig. Jetzt kann es los gehen, und zwar tief im Osten. Super Kamil. Du hängst dich immer voll rein und übernimmst Verantwortung. Ich könnte dich knutschen – nicht nur für deine Art zu kommunizieren: Kurz, knapp, sachlich, verständlich.“

‚Gulag‘ war schnell gegoogelt. Paul stand voll unter Schock, blickte sich um, als wolle er sich versichern, dass außer ihm niemand da war. Unter Anwendung des ‚cya‘-Prinzips hatte er sich mit unsicherer Schrift notiert: „Im späten Mittelalter befand sich hier eine Siedlung, die wuchs und wuchs, später zu einer Stadt wurde, und ein Verbannungsort war.“ Verbannungsort? War da nicht was?

Er suchte weiter und fand unter ‚Bundesstiftung Aufarbeitung‘, dass GULag für das russische ‚Glavnoe Upravlenije Lagerej‘ stehe und ‚Hauptverwaltung der Lager‘ bedeute. Es bezeichne ein in den 20er Jahren auf dem Gebiet der ehemaligen Sowjetunion eingerichtetes, umfassendes System von Straf- und Arbeitslagern, sogenannten Besserungsarbeitslagern, und Verbannungsgebieten, das bis Ende der Sowjetunion systematisch ausgebaut worden sei. Paul holte Luft. Ganz tief. Dann setzte er eine E-Mail an Schultz ab, der gründlicher in die Recherche einsteigen sollte. „Ein ehemaliges GULag“, seufzte Paul, „eine bessere Adresse hättest du dir kaum aussuchen können.“

Tage später kam endlich die ersehnte Nachricht, Schultz hatte ihr die Bezeichnung Dossier ‚<u>Zo</u>‘ gegeben, die, wie immer, merkwürdig und nebulös formuliert war:

Das klang interessant, denn ‚autonom' war schon immer eine Eigenschaft, die in Pauls Weltbild passte. Er dachte kurz nach, schüttelte dann aber seinen Kopf: „In der Zeit nach der Wende ist nicht nur in Deutschland eine Menge passiert. Warst du da-mals eigentlich im Dauer-Tiefschlaf, hatte dein Radar gestreikt oder sich gar eine Auszeit genommen? Andererseits, du warst mit deinen Projekten ganz gut ausgelastet, oder?"

Insbesondere ein Thema ließ ihn in den folgenden Tagen nicht los, nämlich, wie es möglich war, dass zum einen in ehemaligen Staatsunternehmen in wichtigen Wirtschaftssektoren innerhalb weniger Jahre ausländische Mit-Eigentümer eine dominierende Rolle einnehmen konnten, und andererseits welche Strategie dabei sein Kunde verfolgte. Paul wurde von Tag zu Tag ungeduldiger und wartete auf eine weitere Nachricht von Schultz.

Endlich: Dossier ‚<u>Zt</u>', merkwürdig verschlüsselt, verklausuliert und selbst für einen Insider kaum verständlich. Paul zog sich jede Textpassage immer und immer wieder rein, er grübelte, marterte sein Hirn, und wenn er gar nicht mehr weiter kam, half nur noch ein kräftiger Schluck Merlot. Es war mühsam, zeitrau-bend, bis er zumindest einiges entziffert hatte: ‚incis', it's not cast in stone', darauf hatte *TéTé* stets großen Wert gelegt. Das Dossier lag auch nach Stunden intensiven Lesens noch immer wie ein Buch mit sieben Siegeln vor ihm:

„Dein Objekt der Begierde hat seine Wurzeln in einem Land, das heute sehr stolz auf seine/n Befreier ist. Die mussten viele Jahre im Knast verbringen, bis es endlich geschafft war. Eine wahnsinnige Leistung. Während deren Inhaftierung gründete ein steinreicher Klunkerschürfer eine Fabrik, es war Ende der sechziger, in unmittelbarer Hafennähe. Eine profitable Idee, wie sich später herausstellen sollte. Anfangs der letzten Dekade des letzten Jahrtausends nahm man dann einige Dollars in die Hand und ging auf Einkaufstour. Mittlerweile an der Börse gelistet mauserte man sich mit einem wenig durchschaubaren Firmengeflecht zu einem Big Player. Und weil es sich bei einem Heurigen ganz gut leben lässt, verlagerte man eine Dachgesellschaft. Bald sollten die Konkurrenten erfahren, dass Kelsen sehr lästige Viecher sein können und vor kaum etwas zurückschrecken. Während man im Nachbarland in Managerkreisen von in Zukunft papierlosen Büros träumte, setzten andere auf die Trägheit der menschlichen Spezies und waren sich sicher, dass Papier geduldig sei. Um es vorwegzunehmen, sie lagen richtig, und sie hatten einen klare Einkaufsliste für ganz Europa. Es begann unspektakulär mit einem darbenden Unternehmen, dessen Ursprung weit in eine spannende Vergangenheit zurückreicht. Exakt vierzehn Jahre nach der Geburt eines schillernden Dramatikers war in einem Waldviertel des damaligen Kaiserreiches, in unmittelbarer Nähe eines Flusses, eine Werkstätte gegründet worden, die es sich auf die Fahnen geschrieben hatte, Martin Luthers Nachfolger und andere Leseratten mit Stoff bzw. seinen Folgeprodukten zu versorgen. Heute kategorisiert man diese in ‚ww‘ und ‚bw‘. Die Ursprungsidee war und ist genial: Genug Grünzeug ist da, das kann man fasern, Rezepte für eine bitter schmeckende Suppe sind auch bekannt. Bei Anwendung entsprechender Handwerkskunst entstehen Produkte, die man rollen, lagern, weiterverarbeiten und transportieren kann. Inwieweit damals helle Köpfe aus dem Reich der Yin-/Yang-Dynastien ihre Hände mit im Spiel hatten, ist mir nicht bekannt. Falls das für dich wichtig sein sollte, muss ich in die Tiefe gehen. Kostet dann allerdings einige Manntage, Chef. Wie dem auch sei, im Laufe der Jahrhunderte entstand eine profitable, dann aber die Umwelt doch sehr belastende Produktionsmaschinerie.

Das ging bis Ende der achtziger gut. Doch dann musste irgendwoher viel Geld kommen, da Umweltschutz bzw. neue Produktionsanlagen kräftige Investitionen erforderten. Doch woher nehmen und nicht stehlen? Bald kreisten Pleitegeier deutlich erkennbar über dem Firmengelände. Kein schöner Anblick für hunderte von Werkstätigen, deren Existenz einschließlich der ihrer Familien ernsthaft gefährdet war. Das wussten auch andere Vögel, mit großem Hunger nach der langen Reise, die sich nach Europa begeben hatten, um einen Teil ihre Beute unter das Volk zu bringen. Sagen wir mal so: Der Klunkerschürfer war einfach zur richtigen Zeit am richtigen Ort. Und schwupps, besaß er die Mehrheit, hatte damit das Sagen nach dem Motto, mein Wille geschehe, im Himmel wie auch im Wald. Dank Perestroika, Glasnost und des Unabhängigkeitsstrebens vieler einst unterdrückter Völker waren ihm von heute auf morgen Tür und Tor für weitere Einkäufe geöffnet. Gute Kontakte zum Mandela-Fan-Club dürften nicht hinderlich gewesen sein. Die dollar- und später eurogetränkten Heilsbringer konnten einziehen und sich breit machen, ganz ohne Waffengewalt oder sonstige Repressalien. Sie, die Harvard- und Oxfort-dekorierten Strategen und Finanzjongleure hatten nur ein Problem: Ihnen fehlte das Knowhow und die Erfahrung mit interkulturellem Change-Management einschließlich zeitgemäßer PE und OE. Kann damit in Zeiten der Globalisierung und der permanenten Beschleunigung die Post wirklich abgehen, zumal wenn man die Champions League gewinnen möchte? Du verstehst!?!

Schultz schloss seine Ausführungen mit der Anmerkung:

„Siehst du Chef, es ist kein Zufall, dass du das tust, was du tust. Die haben dich erst mal gründlich getestet, und dann, kaum ist die Jahrtausendwende geschafft, sich wieder auf ihren unternehmerischen Appetit besonnen. Der Rubel könnte nun rollen, spätestens wenn die Beteiligungsquoten optimiert sind. 90% ist doch eine ordentliche Hausnummer. Oder?“ In diesem Sinn: Take care and never forget: ‚cya‘. TéTé

„Willst du mich fertig machen, du Wahnsinniger?" brüllte Paul, der komplett außer sich war, „ich brauche Fakten, keine SUDO-KUS für Außerirdische. Wenn das ‚cya' in Reinform ist, dann versteh ich endlich, warum das sonst keiner macht. Na gut, vielleicht Dechiffrierspezialisten oder Geheimdienstler, die den ganzen Tag nur darauf warten, was passieren wird."

Pauls Magen meldete sich und knurrte unüberhörbar: „Was ein Bären-Hunger!" Kaum gedacht, musste er über sich schmunzeln, denn ‚der Bär' schien bereits von ihm Besitz ergriffen zu haben. Erst eine Geflügel-Frikadelle aus dem Kühlschrank konnte ihn in die Schranken weisen. Vorerst.

Der russische Bär

Woran denkt man bei Worten wie „Mütterchen Russland" oder „russischer Bär"? Weite Felder? Wilde Wälder? Militärische Macht? Marschierende Soldaten? Rote Flaggen? Grimmige Männer? Hübsche Frauen? Schnee? Wodka? Solche Bilder sind voller kultureller Klischees. Ähnlich wie die Darstellung Frankreichs mit Baguettes, Barettes, Wein, Käse, häufigen Streiks und Alfons. Oder um es kurz zu machen: Der deutsche Michel.

Für was steht ‚der Bär' in Russland? Dieser Frage war Paul kurz vor dem Start des Taiga-Projektes nachgegangen und hatte dabei natürlich auch die Dienste von Suchmaschinen in Anspruch genommen, die ihn geradezu mit Informationen überschwemmten. Danach ist der ‚Russische Bär' neben ‚Mütterchen Russland' eine nationale Personifikation Russlands, die in Westeuropa, primär in Großbritannien, besonders oft während des Kalten Krieges, verwendet wurde. Nach allem was man wisse, verdanke der ‚Russische Bär' seinen Ursprung westlichen Reisenden. Wie verschiedene Quellen behaupten, soll bereits in Urzeiten ein österreichisch-kaiserlicher Rat und Gesandter am russischen Hof in einem seiner Reiseberichte in der Landeskunde *Rerum Moscoviticarum Commentarii* das Symbol des ‚Russischen Bären' geprägt haben.

Paul hatte in seinem an Ups und Downs nicht armen Leben gelernt, dass man nicht unbedingt alles glauben muss, was irgendwo steht. Und tatsächlich fand er auch andere Quellen, Stimmen, die überzeugt sind, dass der ‚Russische Bär' als internationales Symbol für Russland nichts anderes als ein Missverständnis sei, das bis auf das Mittelalter zurückgeführt werden könne. Hört, hört. Man bemüht die Geschichte zur Rechtfertigung des eigenen Bildes. Paul kam das bekannt vor: „War da nicht neulich so eine Rechtfertigungsansprache für eine Sonderoperation im TV? Wie hieß der Redner noch mal?“

Tatsächlich sind, seitdem es verlässliche Aufzeichnungen gibt, Bären in Russland weit verbreitet, werden von Vielen respektiert, aber auch gefürchtet. So war für die slawischen Heiden der Bär zum Beispiel so etwas wie ein Totemtier. Fakt ist auch, dass bereits Im Mittelalter Zirkustruppen mit gezähmten, Kunststücke vollführenden Bären durchs Land tourten und das Volk unterhielten. Eine andere, in diesem Fall grausame, Verwendung fanden Bären dann zu Zeiten Iwan des Schrecklichen bei Hinrichtungen, wo zur Zuschaustellung und Belustigung des Volkes Verurteilte Bären zum Fraß vorgeworfen wurden. Auch soll man diese in Bärenfälle eingewickelt und Bluthunde auf sie gehetzt haben. Doch diese Storys machten den Bären noch lange nicht zum internationalen Symbol für Russland.

Stattdessen waren es Leute wie der Österreicher Siegmund von Herberstein, der bereits vor fünfhundert Jahren geschrieben haben soll, dass im strengen russischen Winter hungrige Bären immer wieder die Wälder verlassen und auf der Suche nach Essbarem in die Dörfer kommen. Dort würden sie mit Brachialgewalt eindringen und die Bewohner aus ihren Hütten zur Flucht in die Kälte treiben. Viele würden dann erfrieren und qualvoll sterben. Dieses Bild von auf Straßen freilaufenden Bären wurde später auch von italienischen, polnischen, britischen, deutschen und holländischen Reisenden bestätigt.

Endgültig soll sich das Klischee dann durch clevere englische Handelsreisende durchgesetzt haben, die seit Mitte des 16. Jahrhunderts regelmäßig nach Russland kamen. Die Waren, die sie von ihren Reisen mitbrachten, prägten das Russlandbild der

Engländer: Honig, Felle, Wachs, Bärenfett. Was für Frankreich das Croissant, war für das damalige Russland Bärenfett.

Tatsächlich kam dieses Bärenfett oftmals aber nicht von russischen Bären, sondern von gewöhnlichen, englischen Schweinen. Verkaufen tat es sich dennoch gut. So erklärten findige Kaufleute überzeugend den Briten, dass Bärenfett den Haarwuchs anrege, was logisch klang, da Bären allesamt haarig sind. Insbesondere englische Männer mit lichtem Haar oder Glatze glaubten das, und da der vermeintliche Alpecin-Vorläufer aus dem fernen Russland importiert werden musste, konnten die Kaufleute damit gutes Geld machen.

Ein weiterer Grund, warum der Bär zum russischen Nationalsymbol wurde, war die Bärenakademie in Smorgon, in der seit dem 17. Jahrhundert Bären für die Arbeit im Zirkus ausgebildet wurden. Obwohl Smorgon zur polnisch-litauischen Wahlmonarchie gehörte, lag sie im Osten. Und für das einfache Volk war Russland der Osten. Auch das ist Logik, einfache Logik.

Als im 19. Jahrhundert politische Karikaturen aufkamen, war es wenig überraschend, dass Russland oft als furchterregender Bär dargestellt wurde. Dieses Bild wurde von vielen Russland wenig freundlich Gesinnten aufgegriffen, und spätestens im Kalten Krieg war der Bär eine Metapher für die rücksichtslose Machtpolitik der Sowjetunion.

Das Entstehen dieser Metapher wurde allerdings auch von der damaligen Sowjetunion selbst forciert. Das zeigt ein besonderes Exemplar, der sogenannte Atom-Bär aus Schelesnogorsk. Normalerweise werden auf Wappen keinerlei Techniken abgebildet, da technische Errungenschaften schnell veralten. So sehen es zumindest die Heraldiker, die Hüter der Wappenkunde. Die Oberen der zu Sowjetzeiten in Sibirien gegründeten Stadt

Schelesnogorsk scherten sich darum jedoch wenig. Und so ziert der Atom-Bär noch heute ihr Wappen, was dazu führte, dass diese Stadt inoffiziell noch immer ‚Atomstadt' genannt wird. Warum? Weil dort waffenfähiges Plutonium hergestellt wird. Was liegt also näher als ein Bär, der ein Atom spaltet?

Und doch gehörte der Bär lange nicht zu den offiziellen Staatssymbolen Russlands. Die Rolle des Wappentiers übernahm, wie schon zu Zarenzeiten, der zweiköpfige Adler. Irgendwann war der russische Bär dann aber nicht mehr zu bremsen, und die Russen selbst übernahmen ihn als Symbol. Viele Veranstaltungen in Russland verwendeten plötzlich den Bären als Maskottchen. Selbst die größte politische Partei des Landes nutzt heute einen Bären als Symbol. Vermutlich war dies einfacher, als jedem zu erklären, dass der Bär kein offizielles Symbol für Russland sei. Bald war der Bär als Symbol so verbreitet, dass die damalige Sowjetunion sich vornahm, das negative Image des Bären aufzubessern. Die sind schließlich nicht nur gefährlich, sondern auch tapfer, stark und entschlossen. Daher entschied man in den höchsten Kreisen, dass der niedliche Bär ‚Mischa', entwickelt von einem Kinderbuchillustrator, als Maskottchen für die Olympischen Spiele in Moskau 1980 geeignet sei. Als auf der Abschlusszeremonie ein aus dutzenden Luftballons bestehender Bär in den Moskauer Nachthimmel aufstieg, waren viele im Publikum zu Tränen gerührt. Es schien, als hätten sich die Russen mit ihrem Bären als Nationalsymbol versöhnt.

Nach dem Zusammenbruch der Sowjetunion war natürlich auch der Bär als offizielles Symbol für das neue Russland im Gespräch. Am Ende entschied man sich dann aber wieder für den zaristischen Doppeladler. Dennoch spielte der Bär eine wichtige Rolle in der russischen Politik: Seit den frühen 2000er-Jahren ist er das Symbol der Regierungspartei ‚Einiges Russland'. Auch der Spitzname der russischen Rugby-Nationalmannschaft *Medwedi* (‚die Bären') leitet sich vom russischen Bären ab und die Mannschaft trägt ihn im Wappen.

Paul schien mit seinen Schlussfolgerungen aus der Geschichte des ‚Russischen Bären' sehr zufrieden zu sein. Er ergänzte die Aufzeichnungen ‚Größe, Schrecken und Logik' in seinem Projekt-Log-Buch um: Fresslust, Brutalität, Zirkus, Emotionalität, Stärke und Geschichtsbewusstsein.

Scharfzeichner

Der grausame Krieg in der Ukraine, er dauerte nun schon mehr als hundert Tage, hinterließ auch bei Paul seine Spuren. Schultz hatte ihn früher immer wieder auf ‚cya' hingewiesen, Paul war aus seiner Sicht auch stets umsichtig gewesen, doch eine derart feindliche Gesinnung hatte er nie bei einem der Russen, und es waren nicht wenige, in seiner Zusammenarbeit feststellen können. Er schüttelte immer wieder sein Haupt, blickt gen Himmel, der Kopf schien leer zu sein. „Das passt irgendwie alles nicht," murmelte er in seinen Bart.

Paul las in seiner Hauspostille ‚Pioneer Briefing' die Wiedergabe eines Interviews mit dem New York Times-Bestsellerautor Gary Shteyngart, der als Sohn jüdischer Eltern in Leningrad, dem heutigen St. Petersburg, geboren wurde, und im Alter von sieben Jahren in die USA übersiedelt war. Er kannte beide Länder: Russland und Amerika. Auf die Frage, ob er sich vorstellen könne, dass Trump noch einmal ins Weiße Haus zurückkehre, hatte er auf die ihm eigene Art geantwortet:

„Alles ist möglich in diesen unsicheren Zeiten. Wir wissen nicht, was zur Hölle in 18 Monaten passieren wird." Auf die Frage, wie sich der Westen gegenüber Putin verhalten sollte, um eine diplomatische Lösung für den Konflikt zu finden, erklärte der Schriftsteller mit russischen Wurzeln: „Es gibt keine diplomatische Lösung für diesen Konflikt, solange er nicht den Hintern versohlt bekommt. Das ist ein Schulhof-Tyrann und er führt eine Nation von Schulhof-Gläubigen. Russland ist kein Land, das an Vermittlung und Rechtsstaatlichkeit glaubt. Es ist ein Land, in dem Kinder, vor allem Jungen, von klein auf verprügelt werden. Viele werden zur Armee geschickt, wo sie noch mehr verprügelt werden. Es gibt keine Impulskontrolle." Weiter erklärte er: „Die Putin-Unterstützer, die Vergewaltigungen, die Plünderungen und das Abschlachten von Zivilisten – nichts davon ist für jemanden überraschend,

Paul hatte beim Lesen mehrmals kräftig schlucken müssen, seine Kehle fühlte sich trocken an, er ging an den Kühlschrank und griff sich seinen Power-Smoothie: Eine Vitaminbombe aus zwei Orangen, einer halben Banane, zwei Äpfeln, einer Kiwi und einem kräftigen Schuss Zitronensaft. Das war Klartext, unmiss-verständlich. Aber es war andererseits nur eine Meinung, eben die eines ausgewanderten Russen, der sich wohl ganz gut in Amerika eingelebt hatte. Eine Meinung von vielen. Oder? Da Paul ziemlich konsterniert war, suchte er nach Ablenkung und verbarrikadierte sich kurzerhand vor dem Fernseher. Schnell fand er die auf ARTE ausgestrahlte Sendung „Putin - Die Rück-kehr des russischen Bären, Frankreich 2021". „So eine Media-thek ist schon etwas Feines," strahlte er vor sich hin. Während der Sendung drückte er eifrig die Stopp-Taste und ließ die Dik-tierfunktion in seinem Handy glühen:

nichts zu sagen hätte. Ob mittels Social-Media-Kampagnen, diploma-
tischen Gesprächen oder Handels- und Militärabkommen: der Kreml ist
fest entschlossen, zu alter Größe zurückzufinden. Seine Ziele hatte Wla-
dimir Putin bereits 2007 auf der Münchener Sicherheitskonferenz an-
gekündigt. Er fühlte sich von seinen westlichen ‚Partnern' despektier-
lich behandelt und unterschätzt, prangerte das Vormachtstreben der
Vereinigten Staaten an und prophezeite das Ende der unipolaren Welt-
ordnung. Seitdem sorgt der Kreml-Chef für die Sicherung der russischen
Grenzen und bezieht außenpolitisch ganz unverhohlen Stellung, ohne
dass ihm andere Staaten Einhalt gebieten. Es besteht kein Zweifel: Der
russische Bär ist zurück auf dem internationalen Parkett!"

Paul grummelte vor sich hin: „Verdammt noch mal. Das ist doch unser ‚Pushing Limits' im Klartext. Und das nicht regional beschränkt. Kein Wunder, dass die damals voll auf unsere Projektvision abgefahren sind. Das kann doch nicht wahr sein, wir hätten Vieles, spätestens seit 2007, wissen bzw. ahnen können."

Totenstille war eingekehrt in Pauls Arbeitszimmer: „Wie war das eigentlich damals nach dem ersten Weltkrieg? Hat da nicht auch so ein machtgeiler Typ jahrelang ein Buch unters Volk gebracht und Schritt für Schritt seinen ‚Kampf' geführt? Und nach dem zweiten Weltkrieg? Beriefen sich da nicht viele auf eine merkwürdige Art von Gedächtnisverlust und wollten nichts von den Gräueltaten in den Nazi-Konzentrationslagern, die auch Arbeitslager hießen, gewusst haben? Hoffentlich bezahlen wir diese, unsere Ignoranz, nicht wieder mit Menschenleben."

Paul zweifelte aber auch an seinem eigenen Wahrnehmungs- und Urteilsvermögen. Er hatte bis vor dem Wüten russischer Soldaten in der Ukraine ein anderes Bild vom Nachbarn im Osten gehabt. Okay, dieser Ex-KGB-Agent, der ‚Kaltmacher', hatte schon immer einen auf ihn diabolisch wirkenden Blick, der ihn an einen Schakal erinnerte. Als Paul eine Südafrika-Rundreise gemacht hatte, war ihm im Krüger-Park diese wenig sympathische Tiergattung über den Weg gelaufen. Selbst bei hohen Temperaturen war er da schnell ins Frösteln gekommen. Diese Augen, dieser Blick, auch der ein echter Kaltmacher.

Aber, kann man einen Despoten mit einem ganzen Volk, seiner Kultur, Musik, Literatur, gleichsetzen? Darf man das? Hat er tatsächlich die alleinige Macht? Ist er der Allein-Herrscher, der, wenn es ihm Spaß machen sollte, seine Atom-Spielzeuge im Alleingang befeuern kann? Nicht nur mit Worten drohen, so wie er es gelegentlich macht, nein, sie tatsächlich zum Einsatz bringen? Und hat Barack Obama wirklich nicht gewusst, als er Russland als ‚Regionalmacht' titulierte, Putin erniedrigte, dass dieser nicht nur ein Energie-Riese ist, sondern auch die Pole-Position in der Welt einnimmt, was die Anzahl atomarer Sprengköpfe anbelangt? Auch die Reichweite des russischen Atomwaffenarsenals konnte sich mit der der Amerikaner messen. Das alles fand Paul gar nicht lustig. Ganz im Gegenteil. Doch wie soll man mit einem verhandeln, der ernsthafte Verhandlungen mit der Ukraine ablehnt, und stattdessen auf seine Vorstellungen, sein Diktat setzt, ganz nach dem Motto: Ich bin hier der Herr im Haus und bestimme. Und wenn mich einer daran hindern will, dreh ich ihm einfach den Gashahn zu.

Paul E. Stemmer stöhnte vor sich hin: „Bedeutet das für uns Abwarten, Zuschauen, Bibbern?" Das mochte er noch nie. „Es gibt immer Lösungen. Wir haben damals doch auch Wege gefunden, insbesondere mit der genialen Unterstützung von Schultz, den russischen Bären zu zähmen. Allerdings hieß der damals nicht Wladimir Wladimirowitsch, sondern Juri, Sascha und Svetlana."

Eines war Paul aber schon damals bewusst gewesen: Das Feindbild der Russen, ‚cast in stone', wie Schultz es formulierte: Die

USA. Anders ausgedrückt: Das Vormachtstreben der Vereinigten Staaten mit einer unipolaren Weltordnung. Und wie hatte er damals darauf reagiert? Um Russen in seinem Projekt nicht unnötig zu provozieren, die, wie er einige Male persönlich erfahren hatte, sehr emotional reagieren und von Null auf Hundert hochfahren können, hatte er seinem Team verordnet, jegliche Vergleiche oder Beispiele mit Amerikanern oder den USA zu vermeiden. So gab es in seinem Projekt anfangs zum Beispiel keinerlei Unterlagen, die auf eine amerikanische Autorenschaft schließen ließen. ‚Partnerzentrierte Gesprächsführung‘ nach Karl Roger, das klang doch eindeutig nach Austria. Oder? Gegen das ‚Deutsche‘ hatten die Russen sowieso wenig einzuwenden. Hätten sie sonst Ausdrücke wie ‚Rucksack‘, ‚Butterbrot‘ oder ‚Landschaft‘ in ihre eigene Sprache integriert? Kaum. Dass Siegmund Freud, der Urvater der klassischen Psychologie, genau wie Adolf, der mit dem tausendjährigen Reich, Österreicher waren, und Richard Wagner monumentale Werke komponiert hatte, die gerne vom Moskauer Staatsballett aufgeführt werden, war ohnehin bekannt. Und darauf war man stolz. Sehr stolz.

Paul hatte einst seine Aufzeichnungen im Projekt-Log-Buch ergänzt um: ‚Bär‘ steht auch für Anti-Amerikanismus und Stolz. Das war die Geburtsstunde seiner ‚Zehn Gebote‘ für die Projektarbeit in Russland gewesen.

Die zehn Gebote

„Was war damals zu Beginn der Projektarbeit in Russland eigentlich mit diesen zehn Geboten?" Paul erinnerte sich auf Anhieb nur noch, dass der Ausgangspunkt eines genialen Schachzugs die Notizen zum ‚Russischen Bären' war.

Er sichtete seine alten Projekt-Log-Bücher, wurde schnell fündig, „Ordnung muss sein, zahlt sich irgendwann aus", und listete in alphabetischer Reihenfolge auf: Anti-Amerikanismus, Brutalität, Emotionalität, Fresslust, Geschichtsbewusstsein, Logik, Schrecken, Stärke, Stolz, Zirkus. „Wir waren damals ein echt starkes Team, ich, Schultz und Kamil, sorry, muss natürlich lauten Schultz, Kamil und ich." Die Gebote für das Taiga-Projekt auf seinem Schoss liegend, machte Paul es sich auf seiner Relaxliege bequem, genoss den Text und kommentierte:

‚Wir sehen das ungeheure Potenzial eines schlafenden Riesen.' „‚Riese' ist genau das richtige Wort. Genauso riesig wie die Gasaufkommen in Sibirien. Ein Blick in die umliegenden Wälder, ein Gang durch die Produktionshallen und Werkstätten genügte, um ein Potenzial fast ohne Limits zu sehen."

‚Wir wissen um eine Effizienz, die meilenweit von der Champions League entfernt ist.' Paul rechnete kurz und stellte dann lapidar fest: „Wenn einer im Dreikampf 920 Kg nach oben bringt, ein anderer seiner Gewichtsklasse keine 700 kg, dann ist das wie Kreisklasse zu Premier League, also mit viel Luft nach oben."

‚Wir schaffen es nur mit einem Gesamtplan und abgestimmten Strategien.' „Was macht Unternehmen einzigartig? Wenn ich an die Standardwerke der Management-Päpste Drucker in den USA und Malik in St. Gallen denke, ist doch klar: Erstens auf die

Vision abgestimmte Strategien, und zweitens ein realistischer, rollierender Stufenplan, wie diese umgesetzt werden sollen.“

‚Wir erobern über den heimischen Markt hinaus ganz Europa.‘ „Klar, heimische Märkte sind begrenzt, geeignet für regionale Produkte, die erntereif und frisch auf den Tisch kommen sollen. In einer Europäischen Union, die wächst und wächst, sind die Grenzen offen für Produkte, bei denen das Preis-/Leistungsverhältnis stimmt oder die eine echte Innovation darstellen.“

‚Wir schaffen neue Fakten: Pläne sind gut, Ergebnisse sind besser.‘ „So ist es. Ein Plan zeigt nur, wohin die Reise gehen soll. Ergebnisse zeigen dagegen, ohne Wenn und Aber, wo man steht und was bereits erreicht wurde. Ohne konkrete, messbare Ergebnisse bleiben angestrebte Ziele zahnlose Tiger.“

‚Wir können nur mit Mut, Stärke und gesunder Härte unsere Ziele erreichen.‘ „Jedes Kind weiß, dass es für anspruchsvolle Ziele keine Garantien gibt, diese zu erreichen. Aber, man konzentriert sich auf seine Stärken, lässt bei aufkommenden Widerständen und Widrigkeiten den Kopf nie lange hängen, und geht mit einer gesunden Härte, auch sich selbst gegenüber, voran. Man respektiert seine Konkurrenten und vergisst nie die Worte von Professor Hengstschläger: „Mut ohne Respekt ist Dummheit.“ Paul nickte: „Respekt ist eine ungeheure Stärke. Viele reden darüber, wenige können damit umgehen.“

‚Wir folgen einer Vision, die Motivation freisetzt: ‚Pushing Limits‘. „Haha. Alt-Bundeskanzler Schmidt soll sinngemäß zu Willy Brandt gesagt haben, dass er zum Arzt gehen müsse, wenn er Visionen habe.“ Paul überkam in diesem Moment ein schmutziges Lächeln, da er Rauchschwaden ohne Ende aufkommen sah: „Klar, dass der keine Visionen sehen konnte, bei dem Qualm. Der Tipp mit dem Arzt war gar nicht so übel, auch ihm hätte ein klarer Status im Rahmen einer Vorsorgeuntersuchung geholfen. Pushing Limits ist viel mehr als ‚immer schneller, immer weiter, immer höher‘, es ist eine Geisteshaltung, die Motivation, pure Energie, freisetzt.“

‚Wir konzentrieren uns auf unsere Stärken, wovon wir einige haben.‘ Paul stimmte sich selbst zu: „Als ich damals aus dem Fenster blickte, unendliche Wälder, diese Autonomie in der Energieversorgung, Menschen, nicht nur hungrig nach Brot, Kartoffeln und Grünzeug, auch nach Bildung und Reisen, und jetzt die historisch einmalige Chance, sich Knowhow auf dem freien Markt einkaufen zu können, war mir klar, das ist zu schaffen.“

‚Wir orientieren uns an den Besten.‘ „Nur so geht es. Nach der Wende und dem Fall der Mauer haben wir uns intensiv in Interviews mit ostdeutschen Medaillengewinnern und Weltrekordlern beschäftigt, und dabei erfahren, dass es nicht nur grausame Trainingsmethoden und Doping ohne Ende gab, sondern auch Menschen mit Talent, unbändigem Ehrgeiz und dem Willen, ganz nach oben zu kommen. Dazu musste man sich mit den Besten messen, weltweit.

‚Wir werden die Nr. 1 in unserem Kerngeschäft.‘ „Genau. Um die Champions League im Handball zu gewinnen, musst du dich auf Handball konzentrieren. Wenn du die Nr. 1 mit einem neuen Blockbuster bei Psychopharmaka werden möchte, macht es wenig Sinn, sich bei Professor Barnard in Kapstadt über neueste Transplantationstechniken schlau machen zu lassen. Wer nicht weiß, was sein Kerngeschäft ist, wird es überall schwer haben und sich letztendlich in unteren Ligen abrackern.“

Paul erinnerte sich an den emotionalen Ausraster von Schultz, sie waren an jenem Abend nach getaner Arbeit in richtig guter Stimmung gewesen, hatten einen vorzüglichen Primitivo niedergemacht und zum Schluss noch die ‚Toten Hosen' hoch leben lassen mit ‚In Nächten wie diesen ...'. Als TéTé ‚Tote Hosen' hörte, war es um ihn geschehen. Er lachte lauthals, fast hysterisch, wie man ihn noch nie erlebt hatte, schoss auf Paul zu, drückte ihn mit unbändiger Kraft an seine unbehaarte Brust, klopfte ihm auf die Schultern und jauchzte: „My friend, ihr guys seid crazy. You even have a sense of humor. Und ich dachte schon, eure Keller wären da als Rückzugsort, falls ihr mal lachen wollt." Paul hatte aus dem Bauch heraus gekontert: „TèTè, wir hätten in Österreich weder die K+K-Monarchie noch unseren verrückten Landsmann emotional unbeschadet überlebt, wenn wir nicht unseren eigenen Humor hätten. Du hast wohl noch nie was von dem Wiener Schmäh gehört?! Der ist einmalig, genauso wie du und ich. Und die Toten Hosen, diese Musiker aus dem Rheinland, drüben bei den Piefkes, die haben gezeigt, wie Entwicklung aussehen kann: Vom Punk zum Kult. Gestern noch belächelt, plötzlich bejubelt und zuletzt verehrt, auch in Moskau und St. Petersburg."

Schultz hatte mittlerweile einen Stuhl erklommen und verkündet: „Das sind die neuen Gebote! Unsere Gebote!" Paul hatte ergänzt: „Damit zähmen wir den Bären. Vo imya svobody i mirnogo sosushchestvovaniya", Schultz schleuderte die rechte Faust gen Himmel. „Hä?" Paul stutzte, verstand nur Bahnhof, „Was war denn das?" Schultz grinste frech: „Ich versteh nichts von eurem Schmäh, und du verstehst kein Russisch. Was hältst du von ‚Im Namen der Freiheit und des friedvollen Miteinanders?" Paul war geflasht: „Du sagst es, im Namen der Freiheit und des friedlichen Miteinander. Aber dafür gilt es noch einige Wackersteine aus dem Weg zu räumen, anders ausgedrückt, lass uns Limits pushen." Kamil saß derweil ruhig am Tisch und beobachtete mit versteinertem Lächeln seine beiden älteren

Kollegen. Er hatte soeben an seine Frau und die beiden kleinen Kinder gedacht, die in nächster Zeit ihren Vater kaum sehen dürften.

Paul war stolz darauf, dass er es geschafft hatte, diese Gebote schriftlich im Rahmenvertrag fixieren zu lassen. Dann kehrte bei ihm Nachdenklichkeit ein, er zögerte, fragte sich: „Waren diese Gebote damals ‚cya' in Reinform? War das deine Rückendeckung, wann immer es brenzlig werden könnte? Wenn ja, dann hatte der Schultz dich damals schon voll infiziert."

Sein Blick verdüsterte sich allerdings, als ihn die Frage torpetierte, ob der selbsternannte Energie-Zar jemals von diesen zehn Geboten erfahren haben könnte? Oder vielleicht sein rabiater Außenminister? Das wäre fatal gewesen. Bei dem Letzteren wähnte er sich sicher, dass das kaum der Fall sein kann, denn „der kann sich in seinem Leben noch nie mit ‚Respekt' beschäftigt haben." Davon war Paul überzeugt.

Er richtete sich bedächtig, um nicht zu sagen, schwerfällig auf, und war sich plötzlich sicher, dass wir, der Westen, den Russen mächtig geholfen hatten, zu werden, was sie heute sind: Eine Bedrohung für uns, das ukrainische Volk, für Europa, für den Weltfrieden. „Wir haben aus Ignoranz, eigener Dummheit und Profitsucht heraus die Voraussetzungen mit geschaffen, dass uns dieser Kerl mit seinem Atomwaffenarsenal und seinen natürlichen Ressourcen nun Angst und Bange machen kann."

Paul wusste, die UdSSR war die zweite Atommacht in der Geschichte gewesen. Nach dem Zweiten Weltkrieg und während des Kalten Krieges hatte die sowjetische Atomindustrie ihr enormes Arsenal an Waffen und Liefersystemen entwickelt, im Wettstreit mit den USA, und ihren Konkurrenten in Bezug auf Sprengköpfe und Megatonnage ab den 1970er Jahren übertroffen. Darüber hinaus, Paul resümierte: „Es waren aber nicht nur diese, nein, auch andere Waffen wie Öl, Gas, Rohstoffe, Hacker, Skrupellosigkeit, Dreistigkeit und Fake News, die uns das Leben so schwer, ja vielleicht zur Hölle machen können." Und er wäre nicht Paul E. Stemmer, ohne Verantwortung für das eigene Handeln zu übernehmen: „Wir waren die Idioten, die Fakten negierten, uns von Hoffnungen verführen ließen. Hat uns die ersehnte Friedenstaube nicht nur aufs, sondern ins Hirn geschissen? Wir haben mit unserer Blauäugigkeit und Überheblichkeit den russischen Bären nicht nur gereizt, wir haben ihn auch noch gefüttert, uns sogar von ihm abhängig gemacht. Und werden ihn aus Sorge um die Versorgungssicherheit auch weiterhin füttern."

Hatte Paul bereits resigniert oder war er nur traurig? Leider hatte ‚cya' in dem so jung vereinten Europa mit seinem Wappentier ‚Friedenstaube' wenig Fürsprecher, wenig Unterstützer, kaum eine Lobby. Warnungen, Mahnungen von außen, zum Beispiel von Seiten der Amerikaner, wollte man nicht hören, hatte man verdrängt, auf die lange Bank geschoben. Der doppelköpfige Adler nutzte dagegen Schritt für Schritt seine Chance, er hatte einen klaren Plan und wahrlich leichtes Spiel. Und fast hätte der Schalke-Sponsor Gazprom, mit seinem skrupellosen Türöffner ‚Gerd dem Hungrigen', dieses Mal lechzte es ihn nicht nach dem Kanzleramt oder Curry-Wurst mit Pommes, auch noch ‚Nordstream 2' vollendet, so ganz nach dem Motto ‚Gas geben ist gut, aber die Macht über den Gashahn ist besser'. Früher wurden Bären im Zirkus mit einem Strick um den Hals vorgeführt, heute führt uns der Bär vor, und wir haben jetzt den Zirkus, zuhause. Ist das die Zukunft Europas? Unsere Zukunft?"

Der Fahrplan

Die infrage gestellte Zukunft der Ukraine, Deutschlands und Europas auf der einen Seite, der Tod von Schultz auf der anderen Seite, all dies führte dazu, dass von Tag zu Tag die Vergangenheit immer häufiger Besitz von Paul ergriff. Was hatte er für einen dicken Hals bekommen nach diesem ominösen Dossier von Schultz mit der Headline ‚Zt‘. Stundenlang hatte er über den verklausulierten Text gegrübelt, immer und immer wieder versucht, ihn über alle ihm zur Verfügung stehenden Medien zu kontaktieren: „Ist der abgetaucht? Oder hat der mal wieder sein Handy demoliert mit dubiosen Downloads? Wo zum Teufel steckt der? Am liebsten würde ich diesen Kerl … .“

Natürlich hatte Paul um die Ecken und Kanten von Schultz gewusst, aber er kannte auch dessen geniale Ideen, auf die sonst niemand in seinem Team gekommen wäre. Eine davon war eine Rezeptur zur Analyse des Beziehungsgeflechts ausgewählter Personen, also der VIPs. „Wichtig“ hatte Schultz Paul beigebracht, „ist nicht nur eine Frage von Rang, Titel oder hierarchische Stellung. Die wahren Strippenzieher findest du meist nicht im Kasino der Leitenden. Du findest sie im Verborgenen, im Dunkeln, auf dem Papier, auf Verträgen, Rechnungsfreigaben, meist in wenig leserlicher Form. Wenn du diese identifizieren kannst, bist du auf dem richtigen Weg. Übrigens, das ist ‚cya‘“.

Paul hatte auch im anbrechenden Zeitalter der Digitalisierung weiter auf solides Handwerk gesetzt. Dazu gehörte als erster Schritt das Erstellenlassen einer zweiseitigen Biografie (‚biografiya‘) in handschriftlicher Form. Eine solche durfte jeder Auserwählte eigenhändig niederschreiben, unterteilt in: Name, Titel, Funktion, Stärken, Träume. Blatt 2 war vorgesehen für die Benennung von drei „Leistungsträgern“ und drei „Roh-

Diamanten" im Unternehmen, ohne Begründung. Abgeschlossen wurde Blatt 2 mit Datum und Unterschrift.

Die Einladung zu einer solchen Biografie erging durch den offiziellen Oberhäuptling, den Vorstandsvorsitzenden. Das Controlling des Rücklaufs erfolgte über das CEO-Sekretariat, wobei die Originalunterlagen in Pauls Projektbüro zu deponieren waren. Inwieweit davon vorab Kopien gemacht wurden, wusste Paul nicht. Das interessierte ihn aber auch nicht.

Schritt zwei war die Sammlung projektbezogener Verträge, Bestellungen und Rechnungsfreigaben. Dieser Schritt war nicht unproblematisch und wurde daher meist von Paul eigenhändig durchgeführt. Schultz hatte ihm dazu geraten.

Schritt drei wurde meist zu einem Festival von Schultz. Er analysierte die vorliegenden Schriftproben, glich diese mit offiziellen Unterlagen ab, also Kompetenzrahmen, Unterschriftsvollmachten und mehr. Ergebnis war die sogenannte ‚V.B.R-Conclusio‘, die ausschließlich für Paul bestimmt war, denn „all over the world", so Schultz, „Beziehungen sind das A+O."

Der Kunde erhielt abschließend ein umfangreiches ‚Biografie-Buch‘, einschließlich eines Rankings (‚Reyting‘) der genannten Leistungsträger und der vorgeschlagenen Roh-Diamanten. Dies alles wurde in gebundener Form in einem offiziellen Akt dem CEO persönlich übergeben. Die Oberen waren damit für einige Zeit beschäftigt, die vorgelegten Ergebnisse mit Vertrauten und Kollegen zu diskutieren und zu verdauen. Während dieser Zeit fütterte Schultz das von ihm entwickelte ‚P-I-S‘ mit den ihm vorliegenden Personaldaten. Paul war kein EDV-Freak, aber dieses Informationssystem auf Basis einer Access-Datenbank war vom Feinsten. Es hatte ihn einst überzeugt, ein mehrtägiges Seminar zur eigenhändigen Auswertung von ‚Daten-Friedhöfen‘

persönlich zu absolvieren. Übrigens mit gutem Erfolg - zur großen Überraschung von Schultz.

Paul wusste, dass in XXL-Projekten sogenannte „Quick Wins" wichtig sind, damit der Kunde die erste Projektrate mit einem guten Gefühl überweisen, und nicht auf die Idee kommen kann, nachzudenken, was bereits am Anfang eines Projektes viel Geld kosten soll. Und wie so oft im Leben, ist der erste Schritt einmal getan, folgt der nächste automatisch. Eingefahrene Prozesse haben nicht nur Nachteile – besonders in Russland. Oder wie Schultz es formulierte: „'ticis' – this is cast in stone. Paul, trust me." Und Paul hatte keinen Grund, Schultz nicht zu vertrauen.

So wie ein Kapitän sein Schiff auch in rauer See zum Zielhafen bringt, dabei alles Wichtige in einem Log-Buch dokumentiert, so praktizierte es Paul mit seinem Projekt-Log-Buch, dessen Kern aus einer sogenannten ‚Road-Map', er nannte sie in Russland ‚Fahrplan' (marshrut'), mit Teil-Projekten und Arbeitspaketen, der als Navigator dienste, wobei jedes Arbeitspaket nach dem Prinzip ‚I.K.E.A' definiert war. Das war keine Anleihe bei dem schwedischen Möbel-Riesen, übrigens die No. 1 in seinem Kerngeschäft, sondern eine klare Anleitung für die konsequente Planung einer jeden Projektaktivität. Diese begann immer mit einer **I**dee, die nur dann eine Überlebenschance besaß, wenn es dafür ein klares **K**onzept mit voraussichtlichem Nutzen und zu erwartenden Kosten gab. Im positiven Fall ging es dann an die **E**inführung des Konzeptes in die betriebliche Praxis. Damit war die Arbeit aber noch nicht erledigt, denn der letzte und ganz entscheidende vierte Schritt fehlte, die dauerhafte **A**nwendung des eingeführten Konzeptes. Und dauerhaft hieß, der alte Prozess, ‚so haben wir das schon immer gemacht', wurde rigoros ersetzt durch einen neuen Prozess, der aber nur dann zum gewünschten Erfolg führte, wenn es zu Verhaltensänderungen aller Beteiligten kam. Diese waren nun mal keine Selbstläufer, ganz und gar nicht, da sie häufig mit jahrelang praktizierten Gewohnheiten kämpfen müssen. Schultz hatte es auf den Punkt gebracht: „Was vorher gehasst war, diese alten Routinen, das wird nun auf einmal furchtbar vermisst. Und warum? Weil Routinen bequem sind nach dem Motto: Die beherrsche ich im Schlaf. Hast du schon einmal einen gesehen, der damit die Champions League (‚Liga chempionov‘) gewonnen hat? Eben.“

Bei Paul gab es kein Projekt ohne ‚Road-Map‘ mit I.K.E.A.-Arbeitspaketen. Dies führte über alle Arbeitspakete hinweg zu einem abgestimmten Zeitplan, der verbindlich war. Mit einem solchen Plan in der Hand wusste jeder, wohin die Reise ging, und wie das angestrebte Ziel erreicht werden kann. Kurzgefasst: Damit konnten Grenzen gesprengt werden, Einer für Alle, Alle für Einen.

Als Paul diese Vorgehensweise den Russen zum ersten Mal detailliert präsentiert hatte, gab es keinerlei Widerspruch. Das war nicht überraschend, denn Russen lieben Logik, sie wollen dem anderen immer ein paar Züge voraus sein, lieben Bewährtes anzuwenden und das Gefühl der Kontrolle, ganz nach dem altbekannten Motto: „Vertrauen ist gut, Kontrolle ist besser.“

„Das Spiel kann beginnen. Die Fronten sind geklärt,“ hatte Paul gedacht, doch kannte er einen im Verborgenen wirkenden Spielmacher nicht, der das Potenzial zum Spielverderber besaß. Eine neue Situation für ihn und Schultz? Eine weitere Herausforderung? Er sollte es bald erfahren.

Der Vertrag

„May I help you?" Die Frage klang einladend, der Ton eher weniger. Eine Dame, Typ ‚Brunhild', ihres Zeichens ‚Chief Accountant', thronte hinter einem mächtigen antiken Schreibtisch, Marke ‚ZAR' und signalisierte Paul, näher zu treten. Der folgte der Aufforderung und bemühte sich, keinen direkten Blickkontakt aufzunehmen. Warum? Weil das Thema Blickkontakt Mann zu Frau beziehungsweise Frau zu Mann in Russland sehr differenziert zu betrachten ist und zu schwerwiegenden Missverständnissen führen kann.

Ein multikulturell zusammengesetzter Förderkreis für Nachwuchsführungskräfte hatte in einem anderen Projekt Gebote und Verbote je Nation zusammengestellt. Und in den ‚Do Nots' stand bei Russland ‚direkten Blickkontakt aufnehmen mit nicht bekannten Frauen'. Brunhild, später erfuhr Paul, dass sie Svetlana hieß, lächelte gequält und ließ ihn gänzlich unerwartet einen Blick auf ein Dokument werfen. Er erkannte sein Konterfei: „That's you, mister, nice picture." Überraschung pur.

Als er mit Schultz darüber gesprochen und erfahren hatte, dass ‚Chief Accountant' auf Russisch ‚glavnyy bukhgalter' heißt, war seine Welt wieder mehr in Ordnung: „Buch Halter, besser könnte man es nicht formulieren. Die hat das Buch fest im Griff. Was diede Deutschen den Russen doch alles beigebracht haben. Buch Halter. Ha ha."

Wie auch immer, Paul war erstaunt, wie viele deutschstämmige Worte die Russen in ihren Wortschatz integriert hatten. Das galt ganz besonders für technische Handbücher und die dazugehörigen Prozessbeschreibungen.

Zurück zu Svetlana, die zu einer mächtigen, antiken Glasvitrine gegangen war, schwungvoll die kunstvoll verzierte mittlere Tür öffnete, einen massiven Block entriegelte, Paul konnte nicht genau sehen, was es war, und dann einladend mit einer goldfarbenen Flasche zurückkam. Sie stellte zwei schwere Becher auf ein silbernes Tablett und fragte: „Vodka simple o double?" Paul lächelte und verneinte: „Sorry lady. I do not drink any alcohol during work. I'm a professional. And players who want to win the Champions League should not drink alcohol, until they conquered the cup." Svetlana war davon wenig beeindruckt, füllte ihren Becher und stieß, wie in Russland üblich, einen Toast aus: „Let's win the Champions League, Mister Stemmer." Paul nickte ihr zu: „We will win."

Später erinnerte sich Paul an ein im weiteren Verlauf durchaus angenehmes, aber auch kühles Gespräch mit Svetlana. Nun war er jedenfalls im Bilde, jeder Vertrag, jede Vereinbarung, die er mit diesem Kunden abschließen wird, ist ohne ihre Billigung keinen Cent wert. Gleiches galt für jede Rechnung. Das überraschte ihn, da er gewohnt war, dass spätestens nach dem Autogramm des Vorstandschefs die Ampel auf ‚grün' stand, und die Dinge ihren gewohnten Lauf nehmen konnten. Hier war es anders. Ganz anders.

Besonders interessant war der langfristig ausgerichtete Rahmenvertrag. Schultz und Paul hatten später auf einer Kopie in russischer Sprache entdeckt, es war unmöglich gewesen, an das Original zu gelangen, viele Stempel darauf, sechzehn Namen, mit insgesamt dreizehn Unterschriften auf der ersten Seite. Dass die von Svetlana fehlte, sollte Schultz Tage später in mühevoller Kleinstarbeit erst herausfinden. Das war Detektivarbeit vom Feinsten und nur möglich durch die von TéTé entwickelte

,V.B.R.-Rezeptur'. Fazit war: Es gab bei den russischen Auftraggebern verschiedene Wege, sich, im Falle des Scheiterns des Projektes, aus der persönlichen Verantwortung herauszustehlen. Svetlana kannte diese natürlich. Andere auch, denn es war Pauls Team auch nach umfangreichen Schriftvergleichen nicht möglich, alle Unterschriften auf dem Projektrahmenvertrag zu identifizieren. Zumindest zwei blieben komplett im Dunkeln.

Hier, im tief verschneiten Russland, weit weg von der Zivilisation, war manches anders. Das begann am Airport, besser gesagt am Flugfeld, dessen schneebedeckte Landebahn im Winter ein kissenweiches Aufsetzen des betagten Fluggerätes ermöglichte. Paul sollte später erfahren, dass die Schneehöhe in strengen Wintern bis zu sieben Meter betragen könne.

Dann ging es weiter in den Ankunftsbereich, der mehr einem Pferdestall glich, mit einem rechteckigen Förderband, das meist von vier ungleichen Antriebsaggregaten betrieben wurde. Paul war beim ersten Besuch mehr als nur die Spucke weggeblieben, als er bemerkte, dass sich beim Entladen sein Koffer wohl automatisch geöffnet haben musste. Leider ließ der sich danach nicht mehr verriegeln, da das Schloss wegen der eisigen äußeren Bedingungen den Dienst für immer und ewig verweigerte. Zum Glück hatte er ein rot-weißes Gurtband dabeigehabt, das immun gegen Witterungseinflüsse war.

Dafür waren die Begrüßungen durch seinen russischen Projektmanager, also Juri, jedes Mal herzlich ohne Ende: „Dobro pozhalovat' v ray". Zumindest empfand Paul das so, der nach unendlich langer Umarmung von Juri aber auch froh war, endlich mal wieder durchatmen zu können. Schultz hatte Paul später aufgeklärt, dass ,Herzlich willkommen im Paradies' wohl mehr eine für diese Region eigentümliche Begrüßungsformel sein musste, die er bisher nicht kannte. Sie sei aber auf jeden Fall etwas ganz Besonderes.

Das galt auch für Svetlana, den ‚Chief Accountant', eine Frau, die unabhängig von der betrieblichen Hierarchie wirkte. Sie berichtete direkt an die Eigentümer beziehungsweise deren Vertreter. Den Sinn dieser Regelung hatte Paul schnell verstanden, denn vor und hinter dem Ural waren Korruption in Verbindung mit Befehl und Gehorsam gleichermaßen von großem Interesse. Das galt für alle Bereiche des Kunden, wie zum Beispiel den sogenannten Holzplatz.

Eine durchgeführte Analyse der Tonnage einfahrender LKWs und der abgeladenen Tonnage hatte eine zunächst unerklärliche Differenz ergeben, bis Schultz feststellte, dass ausfahrende LKWs nicht erneut gewogen wurden. Das musste geändert werden und war eine willkommene Gelegenheit für ‚Quick Wins'. Um es zusammenzufassen: Mister Copperfield oder die Ehrlich Brothers waren hier nicht am Werk. Es waren andere, weniger magische, eher dunkle Kräfte. Aber, Pauls Auftraggeber waren erstaunt geweseb, in welch kurzer Zeit Quellen im sechsstelligen Bereich mit einfachen Mitteln erschlossen werden können.

Interessant war auch das Dokument mit dem Konterfei von Paul, das Svetlana auf ihrem Schreibtisch liegen hatte. Durch Zufall erfuhr er, dass im Falle des Einsatzes externer Berater Chief Accountants mit verschiedenen Geheimdiensten, es gab mehrere davon, eng zusammenarbeiten. Schultz äußerte einmal sogar die Vermutung, diese Dienste könnten von Svetlana koordiniert werden. Konkrete Beweise hatte er jedoch in der Kürze der Zeit nicht finden können.

Aber, man mag dazu stehen, wie man will, für Paul und sein Team brachte die direkte Beziehung zu Svetlana große Vorteile mit sich, da fortan Dienstfahrzeuge mit Fahrer, Shuttles zum Flughafen, behördliche Genehmigungen, in Russland normalerweise sehr arbeitsaufwändige Prozesse, in rekordverdächtigen Zeiten genehmigt wurden. Und erstaunlicherweise waren in den Fliegern von und zu anderen Airports, heimischen und internationalen, selbst bei ganz kurzfristiger Anfrage immer zwei oder drei Plätze in der Business Class verfügbar.

Ein toller Service, der nur geboten werden konnte, wenn wirklich wichtige Menschen unterwegs sind, also obere Militärs, hochrangige Politiker, Weltmeister, Olympiasieger oder andere Größen, und verständnisvolle Passagiere dafür ihre festgebuchten Plätze zur Verfügung stellten. Natürlich rein freiwillig.

Schultz hatte dies einst so kommentiert: „Paul, die Liebe zum Vaterland kennt hier keine Grenzen. Diesbezüglich müssen wir wirklich keine Limits pushen."

Der Ingenieur

Nachdem Paul sich der Rückendeckung Svetlanas sicher wähnen konnte, Schultz sah dies komplett anders, warnte immer wieder vor zu viel Gutgläubigkeit, steigerte er die Schlagzahl im Projekt und ging forsch und äußerst konsequent seiner Arbeit nach.

Einmal, er erinnerte sich gut, war er stocksauer auf die Russen gewesen: „Betonköpfe" hatte er ohne Vorwarnung gebrüllt. Kamil und Schultz waren überrascht gewesen, den so hatten sie Paul bisher nicht kennengelernt. Schultz hatte versucht zu deeskalieren, vielleicht befürchtete er eine Herzattacke, und Paul mit ruhiger Stimme gefragt: „Chef, hast du schon mal was von Malediktologie gehört?" „Von was?" bläkte dieser. Schultz fuhr fort: „Das ist die Wissenschaft vom Fluchen. Es gibt Forscher in aller Welt, die sich ernsthaft damit beschäftigen und Erstaunliches herausgefunden haben. Bist du interessiert?" Das war eine mehr rhetorische Frage, denn Schultze wusste, wie Paul tickt.

Ohne eine Antwort abzuwarten, fuhr er fort: „Die Amis beziehen ihre Kraftausdrücke gerne aus Kirche und Sexualakt, zum Beispiel ‚hell', ‚damn', ‚my god', ‚fuck', die Deutschen dagegen auf Themen rund um den Verdauungstrakt, ‚'Mist' ‚'Kacke', ‚Scheisse', ‚verpiss dich', während die Holländer sich gerne mal gegenseitig ‚Pest und Cholera' an den Hals wünschen." „Und die Russen?", wollte Paul wissen, um sogleich zu erfahren, dass diese das alles kultiviert und eine eigene ‚Fluchsprache' entwickelt hätten: ‚Mat'. Schultz öffnete sein Notebook, tak tak tak, „eine kleine Kostprobe gefällig? Am Beispiel von ‚chui', ‚paschol na chui': wörtlich ‚geh zum Schwanz', bedeutet sowas wie ‚verpiss dich': ‚mnje pachui': 'ist mir schwanzegal'; ‚nachui': wörtlich ‚zum Schwanz', bedeutet in etwa ‚zur Hölle damit'; ‚nachuija': ein gefluchtes ‚Weshalb', in etwa so: ‚Weshalb zum Schwanz pisst es heute schon wieder?'; ‚nichuja‘: ein gefluchtes ‚Nichts‘, in etwa so: ‚Ich warte auf den Anruf, und was passiert? Kein Schwanz‘; ‚chujowi‘: ‚beschissen‘. Jetzt reichte es Paul endgültig: „Stopp. Ende der Vorlesung.“ Schultz hatte verstanden und kleinlaut nachgefragt: „Paul, du hattest vorher ‚Betonköpfe‘ gesagt? Bitte kläre uns auf warum, ja?“

Danach hatten Kamil und Schultz erfahren, dass die Russen ohne Absprache kurzerhand ihren Produktionschef ausgewechselt hatten, einen laut Paul absolut loyalen Parteisoldaten, der sich hochgedient hatte. Sie waren sich schnell einig gewesen, auch vom Bauchgefühl her, dass da irgendwas im Busch war. Eines war für Paul geklärt: „Was das Fluchen anbelangt, sollte ich Zurückhaltung üben. Der Bär ist besser ausgebildet und verfügt über ein unbegrenztes Waffenarsenal. Sauber. Sau-Bär.“

Der Neue, ein Ingenieur namens Schlubka, offiziell ein sehr erfahrener Technologe, hatte Paul kontaktiert, um ihn über eine geplante größere Investitionsmaßnahme zu informieren. Interessant. Pauls Tagesordnung sah ganz anders aus: Erstens ein gegenseitiges Kennenlernen und zweitens die Markierung der Territorien. Nach einem kurzen Telefonat war geklärt, wo das Gespräch stattfinden wird: In Pauls Projektbüro.

Kamil wollte wissen: „Paul, glaubst du, wir kommen heute schon über Phase 1 hinaus?“ Der blickte ihn verständnislos an: „Was, Phase 1“, wir haben nicht so viel Zeit, heute kracht es im Gebälk. Der ist noch in der Anlernphase, äh, ich meine Probezeit. Also können wir ihn frontal angehen. Entweder der folgt unserer Linie, oder wir bringen ihn dazu. Ist das klar?“

Diese Frage war nicht ernst gemeint, denn Paul ergänzte, ohne eine Antwort abzuwarten: „Kamil, wir haben mit denen Strategien für alle Kernprozesse, auch die Produktion erarbeitet. Die machen Sinn und wir halten an diesen fest. Wir ziehen hier nicht unser Ding durch, sondern setzen die Strategien unseres Kunden um. Ok?" Kamil hatte bereits aufgegeben: „Paul, ich bin ja bei dir. Aber wir sind hier tief im verschneiten Russland. Was ist, wenn hier die Uhren etwas anders ticken?" Paul verstand jetzt gar nichts mehr: „Was für Uhren? Wir haben die richtigen Uhren dabei. Es gibt nichts darüber zu diskutieren. Die wollen auf den Level von uns kommen, und das ist unser Job, also müssen die lernen, wie die Uhren in Austria ticken. Die müssen nichts Neues erfinden, die müssen nur unsere Uhren lesen und verstehen können." Kamil stutzte: „Paul, ich wusste ja gar nicht, dass du von Haus aus ein Uhrenspezialist bist." Paul war voll in Fahrt: „Dann weist du es jetzt, mein Lieber."

Kamil sah besorgt aus. „Chef", meinte er, „wahrscheinlich kannst du dir nicht so richtig vorstellen, was in einem vorgeht, wenn plötzlich eine zentnerschwere Betonplatte neben dir herunterkracht. Ich habe diesen sogenannten Unfall, der meines Erachtens nicht mir, sondern unserem Schultz galt, noch nicht ganz verarbeitet. Um aufrichtig zu sein, ich habe Angst. Angst um mein Leben. Aber auch Angst um dein Leben. Wir sind mitten in den Pampas. Und wir beide wissen, dass hier schon manche von der Bildfläche verschwunden sind, meistens für immer." Paul stand auf und nahm Kamil in den Arm.

Nachdem sie so einige Sekunden verweilt hatten, sagte Paul: „Kamil, danke für deine Ehrlichkeit. Du bist ein feiner Kerl. Ich kenne nicht viele, die so offen zu ihren Ängsten stehen können wie du. Alle Hochachtung. Ich glaube, ich bin da noch nicht so weit wie du. Weißt du, ich rede mir immer wieder ein, dass Unfälle überall passieren können, seien sie zufällig oder inszeniert. Wenn das Schicksal uns auf der Liste ganz vorne stehen hat, und unsere Schutzengel woanders beschäftigt sind, ist unsere Uhr eben abgelaufen. Denk nur an diese Geschichte in Südafrika. Der Arme wollte wahrscheinlich nur einen Safari-Urlaub machen und hatte das Pech, zur falschen Zeit am falschen Ort zu sein. Das ist grausam, keine Frage. Aber so ist das Leben. Wir müssen uns bewusst sein, dass es jeden von uns Tag für Tag erwischen kann. Ich habe für mich daraus den Schluss gezogen, nur noch Dinge anzupacken, die ich gerne mache, die mir Spaß machen. Und wenn ich die Freude an unseren Projekten verlieren sollte, werde ich die ganze Firma in eure Hände übergeben. Dann suche ich mir etwas anderes, vielleicht ein Kaffeehaus in Wien oder so. Aber jetzt, schau nicht so traurig aus der Wäsche, so weit ist es noch nicht. Ich bin mit ganzem Herzen hier bei der Sache." „Ja, ja", Kamil rang mit den Worten, „ist mir bekannt. Und mit titan-gestähltem Rücken. Paul, ich denke, ..."

In diesem Moment ging die Tür auf und ein knapp zwei Meter großer Blaumann marschierte überpünktlich ein. Ingenieur Klaus Schlubka erschien in einem marineblauen Leinenanzug, Marke ‚Charme & Armut ‘, kariertes Halbärmelhemd, dunkelblaue Krawatte mit Silberpunkten, braune Wildlederschuhe und beigefarbene Socken. Paul musste lächeln: „Typisch Produktionsmann, wahrscheinlich Junggeselle". Er war zwar kein Freund von Vorurteilen, „aber manchmal ist doch was dran".

Nach dem Austausch der Visitenkarten ging es temperamentvoll los. Schlubka eröffnete in knappen Worten, dass er ziemlich in Eile wäre und heute nur wenig Zeit hätte. „Das trifft sich ja gut" ergänzte Paul, „dann hat sich wenigstens für die Airline unser Flug hierher gelohnt. Aber wir richten uns natürlich ganz nach Ihnen, Herr Ingenieur. Sie wissen sicher, wir in Österreich respektieren Titel. So viel Zeit muss einfach sein."

Diese Antwort kam überraschend für Klaus Schlubka und man merkte deutlich, wie seine Gehirnwindungen zunehmend in Rotation kamen. Bevor er etwas sagen konnte, übernahm Paul die Führung: „Herr Ingenieur, wollen Sie nicht Platz nehmen? Wir müssen nicht hier herumstehen, bitte sehr" und wies ihm einen Sessel mit Blick zum Fenster zu. „Ist das nicht ein Ausblick?", fragte er, „fast so schön wie unsere Zukunftsperspektiven hier." Paul machte eine kurze Pause und fuhr dann fort: „Natürlich nur, wenn wir die Erweiterung zügig umsetzen. Aber jetzt haben wir ja sie. Wer hat sie eigentlich für diese Aufgabe hier ins Spiel gebracht?" Wie aus der Pistole geschossen kam: „Das war Dr. Tomy, ein Berater, sie kennen den ganz bestimmt, oder?" Paul nickte, „der ist ziemlich neu in der Branche. Und treibt ganz ordentlich die Preise hoch. Ich habe gehört, dass sie nicht gerade billig gewesen sein sollen. Ist mir ohnehin recht, gute Leute haben eben ihren Preis. So ist das bei ihnen, und auch bei uns. Aber, sie sind ja noch gar nicht richtig zu Wort gekommen. Jetzt bin ich ganz Ohr, Herr Ingenieur Schlubka." Paul lehnte sich demonstrativ nach hinten und wartete, was da nun kommen mag.

„Ich", stotterte sich Schlubka einen ab, „also ich habe da natürlich meine eigenen Vorstellungen. Ich weiß sehr genau, wie das hier eigentlich aussehen müsste. Keine Frage, sonst wäre ich ja überhaupt nicht angetreten, wissen sie?" Paul stimmte wohlwollend zu und versuchte, Kamil in die Unterhaltung einzuführen. Dieser nahm instinktiv eine aufrechtere Sitzhaltung ein und sagte mit relativ leiser Stimme: „Herr Ingenieur, sie sprachen vorher über ihre Vorstellungen, könnten sie diese bitte kurz skizzieren. Ich weiß, sie haben wenig Zeit, und da müssen wir uns natürlich auf das Wesentliche konzentrieren, nicht wahr?" „Herr wie bitte", begann dieser, „wie war noch mal der Name?" Paul ging sofort dazwischen: „Das ist unser Blaublut, so einer wie der Graf bei ihnen." „Der wer?" wollte nun Schlubka wissen, „ich kenne keinen Herrn Graf." Paul strahlte sein Gegenüber an: „Also, ich denke sie scherzen. Jeder in der Branche kennt doch den Herrn Grafen von Hohenegg, Mitglied des Aufsichtsrats."

Von einer Sekunde auf die andere veränderte sich Schlubkas Gesichtsfarbe von zart-braun auf fahl-weiß. Man konnte es nicht übersehen. Kamil bemühte sich als Retter: „Dafür kennen sie sicher andere wichtige Leute. Den Grafen werden sie bestimmt bald kennen lernen. Ein interessanter Mensch. Ich mag ihn." Paul klinkte sich ein: „Der hat Niveau. Sie können das allein daran erkennen, wie der gekleidet ist. Alles nur vom Feinsten. Unsereins kann davon nur träumen. Also zumindest Kamil und ich."

„Wer ist denn nun schon wieder Kamil?" wollte Ingenieur Schlubka wissen. Paul deutete auf seinen Kollegen: „Das ist mein bester Mann im Team, exzellente Ausbildung, akademischer Adel, Harvard und so. Sie werden ihre Freude mit ihm haben." Kamil erhob sich: „Herr Ingenieur, ich freue mich auf eine gute Zusammenarbeit. Aber sie wollten uns ja noch etwas über ihre Strategien verraten." Die beiden machten kurz Shakehand und setzten sich dann wieder.

„Ja, wo soll ich denn anfangen," fragte Schlubka. Paul schaute kurz zu ihm auf und meinte: „Am besten vorne, ganz vorne." Dann folgte eine längere Pause. Bekanntlich können längere Pausen sehr förderlich für den Aufbau von Spannung sein. Und Hochspannung verspürte im Moment der neue Produktionschef. Kamil zeigte Mitleid und überbrückte die mittlerweile wirklich unangenehme Stille mit einer konstruktiv gemeinten Frage: „Sie kennen doch sicher die kürzlich verabschiedeten Strategien für den Prozess ‚Produktion'. Was meinen Sie dazu auf Basis ihres persönlichen Erfahrungsschatzes, Herr

Ingenieur?" Dieser saß wie versteinert in seinem Sessel und stierte in Richtung Paul. Der öffnete nach einem kurzen Moment des Zögerns sein Projekt-Log-Buch und überreichte seinem Gegenüber wortlos ein Blatt Papier mit der Überschrift: „Strategien für den Prozess Produktion."

Ingenieur Schlubka nahm sich Zeit zum Lesen, viel Zeit. Paul erstellte derweil in seinem Projekt-Log-Buch ein kurzes Profil seines Gesprächspartners: „Auftreten: Biedermann; Outfit: C & A; Verhandlungsgeschick: Amateur; Geistige Beweglichkeit: Buchstabenzähler; Belastbarkeit: angespannt; Führungspotenzial: ?"

Paul und Kamil erhoben sich nach einiger Zeit, gingen zum Fenster und warteten auf ein Lebenszeichen von Schlubka. Nach einer gefühlten Ewigkeit blickte dieser kurz zur Decke hoch und murmelte leise vor sich hin: „Das ist ja der Hammer. Warum sehe ich das zum ersten Mal?" „Wie? Kein Problem", meinte Paul ganz trocken, „sie lesen es heute bestimmt nicht zum letzten Mal. Herr Ingenieur, also ich sehe das ganz pragmatisch. Jetzt wissen wir drei doch sehr genau, wohin die Reise führt. Und der Aufsichtsrat hat sich bei der Verabschiedung dieser Strategien als auch bei ihrer Bestellung als neuer Produktionschef sicher etwas gedacht. Übrigens, nach meiner Einschätzung sitzen da überaus kompetente Leute drin. Das sehen sie doch bestimmt genauso."

Paul warf einen Blick auf seine Uhr:" Um Gottes Willen. Wir haben uns ja völlig verplappert. Wie konnte das nur passieren? Sie bekommen jetzt doch hoffentlich keine gröberen Probleme? Das würde ich sehr bedauern. Wirklich." Schlubka schüttelte den Kopf. „Nein, Herr Stemmer, ich bekomme kein Problem. Wir können gern heute Abend unser Gespräch fortführen. Wenn es bei ihnen und Herrn Kamil passt?" Das war eine

Steilvorlage für Paul: „Unser Flieger geht morgen am frühen Nachmittag. Wir haben also alle Zeit der Welt für die Fortsetzung unseres Gesprächs, Herr Ingenieur. Also bis morgen um acht Uhr in der Früh. Bei uns im Projektbüro.“

Die Fronten waren geklärt. Paul und Kamil verabschiedeten Schlubka und strahlten um die Wette. Kamil meinte: „Gute Nacht Paul. Du kannst gelegentlich ein echtes Ekeltier sein. Aber, Chapeau, Forming, Storming, Norming in einem Aufwasch, das macht dir so schnell keiner nach. Jetzt fehlt nur noch das Performing. Wie gut, dass ich dich auf meiner Seite habe. Schlaf gut.“ „Du auch“ gab Paul ihm mit auf den Weg, „du auch“.

Paul schloss seine Tür, verweilte kurz: „Habe ich soeben nicht ‚chaka chaka‘ gehört?“

Strippenzieher

Paul hatte sich vertieft in ‚Die Ära des Vertrauens auf die Geltung einer regelbasierten, wertegestützten und normgetriebenen Weltordnung ist zu Ende‘, von Dr. Herfried Münkler, emeritierter Politikprofessor an der Humboldt Universität Berlin, in einen Beitrag für den Blog ‚Politische Ökonomie‘. Hatte er nicht damals in seinem Studium das Hauptfach ‚Politische Ökonomie‘ gewählt? Und das bei einem bekennenden, anti-kapitalistisch ausgerichteten Professor. Paul wollte verstehen, warum normativ aufgeladene Ordnungen, wie etwa die europäische Friedensordnung nach dem Ende des Ost-West-Konflikts, hochgradig verwundbar sein sollen, sobald es einen notorischen Regelbrecher und Werteverächter gäbe, der nicht aus dem Spiel genommen werden kann. Woran scheitern diese Ordnungen? ‚Scheitern‘ war für Paul ein Reizwort, das nur von ‚Aufgeben‘ übertrumpft werden konnte. Das war bei ihm schon immer so und wird es auch bleiben.

Als er damals das Projekt in Russland in Angriff genommen hatte, hatte er nicht eine Sekunde an ‚scheitern‘ gedacht. Ganz im Gegenteil. Das Projekt war schnell auf Kurs gekommen, spätestens nachdem er das Vertrauen von Svetlana und des ihm zugeteilten Personaldirektors Juri gewonnen hatte. Juri trat immer, vom ersten Moment an, im Tandem mit Sascha auf. Warum? Weil Juri nur Russisch sprach, und Paul diese Sprache bis auf einige Höflichkeitsformeln nie lernen wollte. Paschi, so nannte Juri Sascha bei guter Laune, war als diplomierter Lehrer für Deutsch und Englisch das ideale Medium. Man hatte sich schnell auf Englisch als Kommunikationssprache geeinigt, da es ohnehin die von den nicht-russischen Mehrheitseigentümern verordnete neue ‚Company Language' war. Als Schultz das zum ersten Mal gehört hatte, konnte er nur diebisch grinsen.

‚Russisch out' war für das DUMA-Mitglied Juri eine Zumutung ohnegleichen. Doch im Hinblick auf seine Karriereleiter hatte er sich schnell überzeugen lassen, sein Sprachenrepertoire zu erweitern. Und wenn es kommunikativ mit Englisch eng wurde, was eigentlich immer der Fall war, sprach Juri mit Sascha eben Russisch und der mit Paul mal Englisch, mal Deutsch. Das Leben kann einfach sein, wenn man es nicht kompliziert macht.

Schultz hatte Paul gefragt, ob er wisse, woher der Name ‚Juri' käme. Als der verneint hatte, erfuhr er, dass dieser männliche Vorname eine slawische Variante des Vornamens Georg sei, die vor allem in Russland, der Ukraine, bei den Sorben und im südslawischen Raum gebräuchlich ist. Georg wiederum käme aus dem Altgriechischen und bedeute Bauer oder Landwirt. Als Paul dies hörte, musste er laut lachen, hatte er sich doch einige Male über die Tischmanieren seines hochdekorierten Kollegen gewundert. Wie dem auch sei, irgendwie hatten die Beiden einen guten Draht zueinander gefunden. Juri und Paul, das passte.

Sascha war, als ehemaliger, langjähriger Armeeangehöriger, gewohnt, den Befehlen seines Vorgesetzten bedingungslos zu folgen. Und das sofort. Das ist nicht negativ gemeint, denn Sascha war ein sehr höflicher, intelligenter Mensch, ausgestattet mit einem ausgeprägten Überlebenstrieb sowie einem Faible für junge und junggebliebene Damen. Er verstand, zumindest rein akustisch, stets beide Seiten und wusste auch, wem er im Konfliktfall zur Seite stehen musste. Um es vorwegzunehmen, wir hatten nur ganz selten Konflikte miteinander und wenn, dann konnten wir kurz darauf herzlich darüber lachen. Warum?

Weil alle Beteiligten viel Verständnis dafür hatten, dass es zuweilen schwierig war, manche Sachverhalte von der deutschen in die englische, und dann in die russische Sprache zu übersetzen. Und sollte es doch mal zu einem Missverständnis kommen, gab es stets einen Schuldigen dafür: Den Übersetzer. Sascha schien diese Regel zu kennen, genauso wie andere, in Russland übliche Varianten der Bestrafung. Juri hatte einst laut lachend, „ha ha ha", Sascha auf die Schultern geklopft und geschildert, dass bei ihm zuhause Hunde bei dem geringsten Fehlverhalten einen Schlag auf ein empfindliches Körperteil abbekämen: Die Schnauze. Pascha hatte leicht gequält gelächelt, während Paul kurzfristig die Luft weggeblieben war.

Alle im Konzern wichtigen russische Männer hatten mehrere Jahre gedient und waren ihrem Land und System treu ergeben. Wer nicht gedient hatte, war nach heimischem Verständnis erstens kein richtiger Mann, und zweitens für eine verantwortungsvolle Aufgabe gänzlich ungeeignet. Das war für Juri und Sascha logisch und selbstverständlich, wie das Amen in der Kirche. Apropos Logik. Russen lieben Logik und eine klare Ansage, ohne ‚wenn' und ‚aber', ‚vielleicht', ‚könnte' oder ‚sollte', da sie dann zu wissen glauben, was von ihnen erwartet wird. Und zwar nicht ‚manana, manana', sondern jetzt, also sofort.

Was für die Männer die Logik, war nach Pauls Beobachtung für russische Frauen das Interesse am Reden, gerne auch in anderen Sprachen. Da nicht alle gedient hatten, waren sie weniger wählerisch und nahmen, was so kam, also Deutsch, Englisch, Italienisch, Französisch oder auch Spanisch. Kurzum, nachdem Kamil alle drei Monate Sprachtests durchgeführt hatte, war Pauls Team im Bilde: Russen, also solche wie Juri, hassen Englisch. Sie hätten viel lieber Deutsch gelernt, denn Amerikaner sind und bleiben wohl für alle Ewigkeiten Systemfeinde, während Deutsch genau wie Russisch Kulturgut ist. Ausgedrückt in Lernfortschritten bedeutete das: russische Frauen erreichten in der Regel nach einem halben Jahr intensiven Lernens Level 6 von 12 im Berlitz-Regelwerk, Männer dagegen wehrten sich hartnäckig, Level 2 zu verlassen. Das war kein Vorurteil, sondern Ergebnis regelmäßiger Tests.

Damit nichts in Vergessenheit geraten oder verloren gehen konnte, hatte Chief Accountant Svetlana dafür gesorgt, dass sie monatlich ein aktuelles Bild über den Fremdsprachen-Status ihrer Kolleginnen und Kollegen bekam. Und zwar persönlich ausgehändigt von Juri, ihrem Verbindungsmann. In diesem Zusammenhang hatte Schultz einmal Paul mit hämischem Grinsen gefragt: „Boss, what do you think? Müssen Frauen so sein?" Paul hatte den Kopf geschüttelt und gebrummelt: „Frauen sind Frauen, kapiert!"

Wenn ein russischer Mann wie Juri an Führungsseminaren teilnehmen muss, wie zum Beispiel ,Partnerzentrierte Gesprächsführung', dann ist dies per se keine gezielte Provokation, sondern eine karrierebezogene Notwendigkeit in einem internationalen Konzern. Ohne diese innere Logik wäre es kaum möglich gewesen, gestandene Männer und aufgeschlossene Frauen auf eine Schulbank für Erwachsene zu bringen mit Themen wie ,Führung mittels Leistung und Partnerschaft'. Erst als Juri sich sicher wähnen konnte, Karl Roger oder Richard Bandler wären Deutsche oder zumindest deutschstämmig, und Gesprächstechnik eine überlegene Alternative zur Kommunikationsform ,Befehl', war der Bann gebrochen. Und als er dann noch persönlich erlebte, dass damit nicht nur eigene Zeit gespart, sondern auch nach einer wie auch immer gearteten inneren Logik die

Motivation von Unterstellten zur Befehlsausführung erhöht werden kann, gab es für seine Begeisterung keine Grenzen. Ergebnis war, Juri nahm Paul, öfters als dem lieb war, in den Arm und ließ ihn seine Muskeln spüren. Dieser war nie ein Freund von Mucki-Buden, doch spätestens nach Juris Gefühlsausbrüchen war bereits nach kurzer Zeit diesbezüglich für ihn die Messe gelesen.

Im Vergleich zu Sascha war Juri wenig bildungsinteressiert, dafür umso mehr technikorientiert. Paul wird die Blicke auf sein neues iPhone nie vergessen, genauso wenig wie Juris vor Stolz strotzende Präsentation eines Kugelschreibers mit integrierter Mini-Kamera. „Luchshe Dzheymsa Bonda, ha ha ha." Sascha hatte Paul rasch ins Bild gesetzt: „Besser als James Bond". Bei diesem Gespräch war Schultz mit anwesend, da es auch um Formulierungen für eine anstehende Vertragsverlängerung ging. Schultz war wie Juri voll aus dem Häuschen und hatte diesen gefragt: „Mozhno mne?" Stolz erklärte Juri Schultz sein intelligentes Schreibgerät und drückte ihm dieses in die Hand. Schultz marschierte um den Schreibtisch herum, kasperte herum und machte Schnappschüsse, besser gesagt, er schoss wild um sich. Danach bat Paul Juri um eine Kopie der Bilder auf seinem Stick, was dieser sofort von Sascha erledigen ließ. Schultz nickte Paul zu: „Soll keiner sagen, Russen wären nicht gastfreundlich."

Nach getaner Arbeit verabschiedete man sich: „Luchshe Dzheymsa Bonda, ha ha ha" war die Abschiedsformel von Juri. Paul und Schultz antworteten unisono: „Spasibo." Und Schultz ergänzte. „My uvidim". Als Paul aufgeklärt worden war über ‚wir werden sehen', wusste er noch nicht, was alles auf dem Stick mit den Bildern gespeichert war. Um es vorwegzunehmen: Auch das Deckblatt des Rahmenvertrages mit den Unterschriften der russischen Seite. Allein die Tatsache, dass der Vertrag auf Juris Schreibtisch lag, unabhängig davon ob in Kopie oder als Original, bewies Schultz, dass Juri nicht nur Personalchef, sondern auch enger Vertrauter von Svetlana war.

Kurz darauf hatte Schultz hastig Paul einen Zettel in die Hand gedrückt: ‚fsb → svetlana → juri → muda → fsb. !!! cya → ungeziefer, ‚aotw.‘

‚fsb‘ war für Paul an diesem Abend nicht mehr zu entschlüsseln, da Schultz sofort nach dem Gespräch am Nachmittag abgetaucht war. Okay, !!! cya‘ war klar: kein Internet-Research, der Feind hört mit, der Feind sieht mit, ‚Ungeziefer‘ – Schultz war schon immer ein Meister im Generieren von Wortbedeutungen – konnte alles Mögliche heißen, Wanzen, Viren, Vipern, Skorpione. Konkret war es immer nur aus dem jeweiligen Sinnzusammenhang heraus zu erraten. Natürlich mit dem Zusatz ‚cya‘, ‚incis‘ oder ‚ticis‘. Aber ‚aotw‘?

Fake News

Paul saß am an seinem Notebook und war gefesselt von einem Beitrag in seiner Hauspostille ‚Pioneer‘, wonach der junge Präsident Barack Obama an der Universität Kairo nach den Terroranschlägen von Al-Qaida und dem von George W. Bush angeführten ‚Krieg gegen den Terror‘ der muslimischen Jugend die Hand reichen wollte mit der Botschaft: ‚Ich will euch nicht bestrafen, sondern überzeugen. Ich suche nicht die Abgrenzung, sondern die Nähe.‘ Inmitten muslimischer Studentinnen und Studenten soll er am 4. Juni 2009 sein prosaisch formuliertes Friedensevangelium ‚A New Begining‘ gehalten haben: „Ich bin hierher nach Kairo gekommen, um einen Neuanfang zwischen den Vereinigten Staaten und den Muslimen in der ganzen Welt anzustreben. Einen Neuanfang, der auf gegenseitigem Interesse und gegenseitigem Respekt beruht. Einen Neuanfang, der auf der Wahrheit beruht, dass Amerika und der Islam sich nicht ausschließen und nicht in Konkurrenz zueinanderstehen müssen.“ Und dann seine Aufforderung: „Es ist leichter, Kriege anzufangen als sie zu beenden. Wir haben die Macht, die Welt zu gestalten, die wir suchen. Die Heilige Bibel sagt uns: ‚Selig sind die, die Frieden stiften, denn sie werden Söhne Gottes genannt werden‘.“

Paul zuckte die Schultern: „Diese Worte sind wohl verklungen. Die Welt, von der Obama träumte, ist untergegangen. Vielleicht hat sie im wahren Leben auch nie existiert. Darüber würde ich gerne einmal mit Jemandem reden, der weiß, wie man Kriege beginnt.“ Paul wusste, kommunistische Regime orientieren sich gerne an der uralten Kriegskunst Sunzis, ein chinesischer Militärstratege aus der Zeit 400 v. Chr., in dessen Werk ‚Die Kunst des Krieges‘ Methoden genannt werden, mit denen Moskau,

Peking und Pjöngjang bis heute agieren. Demnach muss ein echter Krieg verhindert werden, aber bis dahin ist alles erlaubt: Drohungen, Täuschungen, Einschüchterungen und vor allem frühzeitiges Klagen über die vermeintliche Provokation des Gegners.

„Ob der religiös ist? Dürfen Ex-KGBler generell an etwas Höheres glauben?" Paul gab sich selbst eine Antwort: „Hombre, lass das. Mach dir doch keinen Kopf über so etwas. Das ist Bullsh.. ." Er stoppte: „A propos Kopf machen."

Paul sah immer wieder die eine E-Mail von Schultz vor seinem inneren Auge, die ihm echte Kopfschmerzen bereitet hatte:

„ticis – stormy sea - tauchkurs – klima - katastrophe – torpedos - stop – brieftauben – ‚cya'"

Damals hatte ein Bote ein unauffälliges kleines Päckchen bei einem seiner Nachbarn abgegeben. Leider konnte dieser Paul weder über den Paketdienst schlau machen noch über die Person, Zugehfrau, Gärtner oder Hausmeister, die das Paket angenommen hatte. Der Nachbar selbst war zu dieser Zeit nicht zuhause gewesen. Das alles hatte Paul nicht gefallen. Warum? Es war nur so ein Gefühl gewesen, nicht mehr, aber auch nicht weniger. Kurz darauf hatte sich sein Mobiltelefon gemeldet und Dr. Hoch durch seine Assistentin ausrichten lassen, ihr Chef wäre besorgt, man müsse sich so bald wie möglich sehen.

„Der scheint ja mächtig Dampf auf dem Kessel zu haben", Paul tapste vollkommen im Dunkeln, hatte keinerlei Ahnung, um was es sich handeln könnte. Wie auch immer, das Päckchen hatte er total vergessen.

In den Abendstunden, Paul saß bei einem gut gekühlten Glas ‚Verdejo Rueda' auf der Terrasse, fiel ihm das ominöse Päckchen ein, das immer noch ungeöffnet auf dem Beistelltisch nahe der Garderobe lag. Er betrachtete es eingehend von allen Seiten, man konnte ja nie ganz sicher sein, klappte sein Schweizer Messer auf und öffnete vorsichtig die Verpackung. Aufatmen und Entwarnung: Es enthielt einen Umschlag mit der Kennzeichnung ‚Z'. Paul war erleichtert. „Mein lieber Freund, endlich, war echt Zeit, dich zu melden", er schüttelte seinen Kopf, „warum machst du es mir denn so schwer? Du bist einfach … ." Die Anspannung löste sich, wurde von einem breiten Schmunzeln abgelöst. Er öffnete neugierig den Umschlag, lehnte sich relaxt zurück und stellte sich auf ein längeres Rätselraten ein.

Doch schon nach den ersten Sätzen stutzte Paul, er zweifelte von Satz zu Satz mehr an dem Text: „Der würde nie ‚der Graf' formulieren, wenn, dann vielleicht ‚Herr Niederrund ' oder eher ‚Mister Blaublut'. Auch ‚der CEO' ist überhaupt nicht seine Sprache, vielleicht ‚Monsignore' oder ‚Maestro'. Und der primitive Hinweis auf dessen Nähe zu einem ‚Dossam' ist gewiss nicht das Niveau von Schultz. Dieses Dossier stinkt hinten und vorne."

Paul konnte sich beim besten Willen nicht vorstellen, dass sein Schultz der Verfasser sein sollte. Selbst im Vollrausch, oder zugekifft bis zum Anschlag, hätte sich dessen Feder geweigert, so etwas auf Papier zu verewigen. Nein, er war sich absolut sicher, das ist ein Fake, eine gezielte Fehlinformation, die insbesondere Dr. Hoch, der sich seit Jahren für ihn als Berater eingesetzt hatte, in Misskredit zu bringen versuchte. Paul war klar, dass einigen Herrschaften diese Verbundenheit überhaupt nicht gefiel. Den Grafen von Hohenegg konnte er diesbezüglich nicht einschätzen, da dieser ein Meister des ‚Polite Approach' war, gepaart mit einem ordentlichen Schuss an bescheidener Arroganz.

Schultz hatte Paul einst hinsichtlich des Grafen auf seine ihm eigene Art die Augen geöffnet. Die Frage ‚Polite Approach' oder

‚Soapy Approach?' hatte Schultz nur mit einem breiten Grinsen beantwortet, Paul dabei auf die Schultern geklopft und anerkennend ergänzt: „I think, it's working. Fostering you seems to be an effective approach." Dann hatte er umgeswitscht: "Mein Lieber, ich bin stolz auf dich. ‚ticis', du verstehst? This is cast in stone. Hi hi hi hi."

Gedankenverloren stierte Paul auf Umschlag und Inhalt. „Du Ochse" titulierte er sich, „hast du keine Augen im Kopf? Schon die Headline ‚Z' ist falsch, und der Unterstrich, das ist keine Unachtsamkeit von TéTé, das ist nicht seine Handschrift." Jetzt war er sich zu hundert Prozent sicher, dass vor ihm eine Fälschung lag. „Das können die, diese Weltmeister der Fäkalsprache und des Dopings", brummte er.

Was Paul nicht wissen konnte, war ein nahezu zeitgleiches Gespräch zwischen Dr. Hoch und dem Grafen, der süffisant lächelnd bemerkte: „Du Hermann, bei dem Stemmer geht es zu wie im Wilden Westen. Ich hoffe, dass zumindest du keine Post von Tomy bekommen hast. „Wie bitte?" entfuhr es Dr. Hoch, „ich verstehe nur Bahnhof. Was meinst du damit?" Die Antwort des Grafen war vielsagend: „Hermann, genug gescherzt. Lass uns zu Wichtigerem kommen. Was macht denn dein Handicap."

Dr. Hoch hob die Stimme." Bert, so bitte nicht. Wer ist dieser Tomy? Du bist mir eine Erklärung schuldig." Der Graf mutierte in Sekundenschnelle zu einem zutiefst Betroffenen, der einsehen musste, dass er was ausgefressen hatte: „Sorry Hermann, das war nicht so gemeint. Tomy ist ein Personalberater mit brauchbaren Connections, hat auf dem halben Globus seine Leute. Der lockte uns den Schlubka, ein erfahrener Technologe, nach Russland, soll fachlich top sein. Ich habe ihn aber noch nicht persönlich kennengelernt. Doch ich bin mir sicher, dass der bei dem Stemmer in besten Händen ist. Übrigens, wie siehst du die Gedankenspiele unserer neuen Besitzer im Aufsichtsrat? Die interessieren mich mehr als alles andere."

Dr. Hoch hatte aufmerksam zugehört, atmete tief durch: „Du bist ja mal wieder voll unterwegs. Diesen Tomy will ich unbedingt kennenlernen und mir einen eigenen Eindruck machen. Okay?! Aber, ich sehe das genauso, der ist bei unserem Stemmer gut aufgehoben. Da passiert nichts. Ganz im Gegensatz zu den Gerüchten aus dem Aufsichtsrat. Mir ist zugetragen worden, dass die einen von uns wegloben wollen, zum ‚HIA‘, also ‚Head of International Affairs‘." „Was?!" polterte der Graf los, „dann sind wir komplett aus dem Geschäft raus. Das lasse ich mir nicht gefallen. Ich will auf jeden Fall noch den Deal im Süden unter Dach und Fach bringen." Dr. Hoch nickte zustimmend: „Dann müssen wir aber voll Gas geben. Und der Stemmer muss Gewehr bei Fuß stehen. Ich kümmere mich sofort darum."

Nachdem sie sich noch über mehr private Themen ausgetauscht hatten, verabschiedeten sie sich, wie üblich mit leicht distanzierter Umarmung. Dr. Hoch wirkte immer noch angespannt, während der Graf mit sich und der Welt im Reinen schien.

Pauls Innenleben sah komplett anders aus. Er hatte schon länger begriffen, dass das bewusste Lancieren von Fake News, sei es über soziale Medien oder andere Kanäle, wie Briefe oder Zustellerdienste, eine gezielte Strategie der Unternehmensführung war, die letztendlich auch darauf abzielte, die Glaubwürdigkeit von Beziehungen zu untergraben. „Befinden wir uns bereits im Krieg?", hatte er sich gefragt, ohne sich bewusst zu sein, welche Konsequenzen das haben könnte.

Paul hatte vor einigen Jahren eine Namibia-Rundreise gemacht und war begeistert über Menschen, Land und Natur zurückgekehrt. „Warum gefällt dir eigentlich das Buch von Henno Martin so gut, mit dem vielsagenden Titel ‚Wenn es Krieg gibt, gehen wir in die Wüste‘? Es würde mich nicht wundern, wenn dort eines der Tauchgebiete von Schultz wäre. Ich an seiner Stelle, wüsste ziemlich genau wo."

Paul führte mal wieder Selbstgespräche, räkelte sich auf seiner Relax-Liege versank, erst in traumhaft schöne, später in wilde, bleihaltige Träumereien.

Die Weiten und Tiefen der Taiga

Paul hatte sich in einen Beitrag aus den SWR3-Nachrichten vertieft: „ … schon zehn superreiche russische Oligarchen sind in diesem Jahr unter rätselhaften Umständen gestorben. Dass sie sich wirklich selbst töteten, glauben viele nicht … seit dem Einmarsch der russischen Armee in die Ukraine gibt es immer wieder Berichte über mysteriöse Todesfälle … Russland beschreibt die Todesfälle meist als Selbstmorde oder Unfälle. Die mögliche Wahrheit ist aber viel spannender … es gibt immer wieder Ungereimtheiten und Spuren, die an derselben Stelle zusammenlaufen: im Kreml. Der Zentrale der Macht Russlands … und ihres Chefs … steckt Moskau hinter den mysteriösen Todesfällen … am 4. Juli gab es den bisher letzten mysteriösen Todesfall eines russischen Oligarchen … wurde tot im Pool seines Hauses gefunden. Laut verschiedener Medienberichte hatte er eine Schusswunde am Kopf. In der Nähe seiner Leiche sei eine halbautomatische Waffe und im Pool mehrere Patronenhülsen gefunden worden … laut der Behörden in Russland lasse sich der Tod auf einen Streit mit Geschäftspartnern zurückführen … besaß ein Transport-Unternehmen, das mit einem russischen Energieriesen Geschäfte in der Arktis … Gazprom … tauche im Zusammenhang mit vielen Todesfällen unter den Oligarchen immer wieder auf. Die Spuren führen aber noch weiter … „.

Paul stutzte: „Genauso war es damals, als Kamil mir diese furchteinflößende E-Mail schickte, wonach direkt vor dem Haupteingang des Werksgeländes zu nächtlicher Stunde ein Instandhaltungsspezialist aus dem Reich der Eidgenossen tot aufgefunden worden war. Nur durch einen Zufall hatten sie später in Erfahrung bringen können, dass laut ballistischer Untersuchung es im Hinblick auf den Einschusswinkel eine Hinrichtung aus nächster Nähe gewesen sein musste, mit einer 7,65 mm Knarre.“

Paul hatte einsehen müssen, dass in den nahezu unendlichen Tiefen und Weiten der Taiga Nachrichten über tragische Unfälle zur Tagesordnung gehörten, die von den offiziellen Organen meistens bereits nach wenigen Tagen als aufgeklärt dargestellt beziehungsweise als Selbstmord erklärt wurden, wofür es natürlich immer eine Vielzahl von Gründen geben konnte: lange Nächte, eisige Kälte, karge Lebensumstände vieler Menschen, all das war bekanntermaßen förderlich für depressive Verstimmungen bis hin zu richtig schweren Depressionen. Auch der Konsum von Wodka konnte eine gewisse Rolle gespielt haben. Genaueres war ihm diesbezüglich allerdings nicht bekannt, da er sich im Umgang mit Russen als ‚Zero-Alkohol-Freak‘ ausgegeben hatte, was erstaunlicherweise ohne Murren oder komische Kommentare akzeptiert worden war.

Was sich Paul dagegen überhaupt nicht erklären konnte, war, wie sich, bei all den tatsächlich ungeklärten Unfällen und Selbstmorden, seine Zusammenarbeit mit den russischen Führungskräften in dem Projekt so gut hatte entwickeln können, was aber nicht hieß, dass diese besonders erbaut gewesen wären, eine alpenländische Art von Prozessorganisation und Führung beigebracht zu bekommen. Kamil hatte zum Beispiel schon nach kurzer Zeit dank der tätigen Mithilfe von Sascha herausgefunden, dass sich russische Manager ab einem gewissen Level nur mit ihresgleichen besprechen. Die Kommunikation nach unten in der Hierarchie erfolgte in der Regel über schriftliche Anweisungen oder als einfacher Befehl, der meistens von einem Assistenten oder vergleichbaren Servicepersonen erteilt wurde. Und jetzt sollten sich diese ‚Kommandeure‘ plötzlich auf Vier-Augen-

Gespräche mit Untergebenen einlassen, deren Ergebnis auch noch am Anfang nicht detailliert feststand?

Das war anfangs zu viel für sensible russische Männerseelen gewesen, mit dem Ergebnis einer kollektiven Verweigerungshaltung. Diese war von Paul und Kamil erst mit Unterstützung von Juri gelöst worden, nach Androhen eines Zehnkilometerlaufs auf Zeit, bei klirrender Kälte, und der Einführung neuartiger Sportarten wie Softball, Tai-Chi oder Pilates. Dies hatte wohl so abschreckend gewirkt, dass man lieber das Risiko partnerzentriert geführter Gespräche im Laufe der Zeit in Kauf nahm, wenn auch mit unverkennbarem Widerwillen. Paul war in der Vergangenheit nie ein Freund von Videoüberwachungen gewesen. Das sollte sich jedoch im Laufe der Projektabwicklung in Russland ändern, da ohne das Drohpotenzial von Videobeweisen oder persönlicher Observationen wenig Verlass auf vereinbarte Verhaltensänderungen gewesen wäre.

Paul und Kamil hatten auch lernen müssen, was zentralistische Führung bedeutet: Unendliche langsame Entscheidungswege, sofern man nicht direkten Zugang zum tatsächlichen Entscheider hatte, viele Menschen, die sich irgendwie verantwortlich fühlten, beziehungsweise in die Verantwortung genommen werden konnten, bis am Ende überhaupt niemand mehr für Irgendetwas wirklich verantwortlich war. Das war keine sarkastische Einschätzung überheblicher Berater, sondern tägliche Praxis, die zig-fach dokumentiert war. Bestes Beispiel hierfür war der ersten Projektvertrag mit dem russischen Auftraggeber, der zig Unterschriften aufwies, wovon einige trotz intensivster Bemühungen von Schultz nie eindeutig bestimmten Funktionsträgern zugeordnet werden konnten.

Wichtig für Paul war aber auch gewesen, dass die russische Abwicklungsbürokratie noch rechtzeitig genug von Schultz beigebracht bekommen hatte, dass sogenannten Pre-Advanced Payments genau dreißig Tage Zeit haben, den Weg aus der Taiga zu einer Bank im Alpenland zu finden. Paul war nicht entgangen, dass seine russischen Vertragspartner mehrmals nachgefragt hatten, ob er nicht Konten auf Zypern, Malta oder in der Karibik hätte. Nur ein Geschäftskonto, und das auch noch einer Regionalbank in Tirol, schien ihnen nicht verständlich zu sein. Er hatte sich allerdings keine großen Gedanken über diese Geschichte gemacht, sondern war mehr damit beschäftigt gewesen, dass die ‚regelmäßige Krötenwanderung' – eine feine Formulierung von Schultz - funktionierte. Wenn nicht, wäre erst bei Juri, dann einen Tag später bei Svetlana eine kurze Anfrage eingegangen, die etliche Leute kräftig ins Schwitzen gebracht hätte. Und das wäre bei den herrschenden Temperaturen in den Bürogebäuden und Werkhallen wirklich Niemanden zuzumuten gewesen.

In einem Land, in dem es acht bis neun Monate im Jahr ziemlich kalt war, so bis knapp minus fünfzig Grad an manchen Tagen, funktionierte manches anders als im Alpenland. Die Kälte war bei wenig Wind ganz gut zu ertragen, insbesondere wenn man sich in einen Zobel oder ein anderes Pelztier einhüllen konnte. Wahrscheinlich sorgte diese Kälte auch dafür, dass die Menschen jeden Morgen sehr pünktlich zur Arbeit erschienen, denn in der Fabrik selbst herrschten die gleichen Temperaturbedingungen für die Arbeiter wie für das Top Management. Die Einen schwitzten in den Werkhallen, bedingt durch die Abwärme der Maschinen, die Anderen infolge der nicht zu regulierenden Zentralheizung. Und Zentralheizung war hier wirklich zentrale Heizung: ‚Hahn auf' bedeutete Wärme für etwa fünfzigtausend

Menschen in ihren Wohnblocks und in der Fabrik, ,Hahn zu' war bei diesen Außentemperaturen kaum denkbar.

,Hahn zu' war der Wachmacher für Paul, der plötzlich im Hier und Jetzt weilte. Er schüttelte immer wieder sein Haupt: „Wer konnte ahnen, dass sich heutzutage so viele Köpfe das Hirn martern, ob oder wann uns dieser Herr den Hahn abdreht, und wir womöglich im Kalten sitzen, spätestens ab Dezember."

Ruhe kehrte ein, bis Pauls Hirnkastl sich wieder zu verselbstständigen begann: „Wir konnten damals den Russen mit unseren ,Geboten' und einigen Psychotricks Paroli bieten, sie in die Defensive treiben. Die haben ihre Lektionen gelernt und wissen zudem besser als jeder andere, wie das Geschäft mit der Angst läuft. Ein Kind des KGB kennt sich damit aus, es weiß, wie schlimm es für Menschen ist, im Ungewissen gehalten zu werden, dass erwartete Schmerzen oft schlimmer sind als tatsächliche. Die armen Menschen in der Ukraine wissen bestimmt, wovon ich rede."

In Anlehnung an einen Song von Herbert Grönemeyer seufzte Paul: „Schultz an die Macht. ,Mutti' und ihre Ja-Sager in Berlin und Brüssel waren blind, haben zu oft und zu lange an das Gute im Menschen geglaubt. Schultz hätte unter Berücksichtigung von ,cya' manch andere Entscheidung getroffen. Hätte, hätte, Fahrradkette. Jetzt hilft das aber auch nicht weiter, weder mir, noch uns, noch ,Mutti' – und Schultz ist tot. Aber ,cya' lebt, muss leben. Ich denke unser Wirtschaftsminister, Robert der Realo, hat wenigstens das verstanden." Übrigens, Schultz hatte seinen Chef einst über den kürzesten russischen Witz aufgeklärt: „Die Deutschen haben ihre Atomkraftwerke abgestellt – ,nemtsy priparkovali svoi atomnyye elektrostantsi."

Kurz vor dem Schlafengehen richtete Paul ein Gebet an den Herrgott: „ Hilf uns, dass zumindest der Habeck konsequent handelt und nicht nur über große Sorgen philosphiert und rumjammert. Dafür fühlen sich ja bereits genügend Genossen aus der Ampel, den Ministerien und Verbänden berufen."

Paul war weggedöst, als sich eine entschlossen klingende Stimme Gehör verschaffte: „Drehen wir doch den Spieß rum und lernen dieses Mal von diesem Despoten. Der lamentiert nicht über das westliche Embargo. Der überlässt es seinem Pitbull vom Außen-Ministerium, die Gegenseite mit Lügen und Drohgebärden zu düpieren, zu verhöhnen, während er unbeirrbar seine Strippen zieht, Unentschlossene mit Weizen, Saatgut, einem immensen Vorrat an Rohstoffen ködert, und seinem Plan, die Weltordnung zu verändern, unbeirrbar folgt. Kurzgefasst: Der Mann weiß, was er will. Und wir? Wir wissen nur, dass wie keinen Krieg wollen. Aber, was wollen wir? Die Linken, die Ampel, die Schwarzen, die AfD, sie alle wissen, was sie nicht wollen: Zwei oder drei Grad Wärme weniger in den Wohnungen und Fabrikhallen, keine Einschränkung unserer ehernen Freiheiten, auf gut Deutsch, weiterhin mit zweihundert Stundenkilometern auf der Autobahn rumbrettern, keine finanziellen Einschränkungen für ein oder zwei Jahre. Igittigitt. Könnten nicht gerade wir uns mal als Flexitarier zeigen, uns sowohl warm anziehen als auch mal die Ärmel hochkrempeln? Generationen vor uns konnten das, wir müssten es eigentlich im Blut haben. Machen wir es doch wie Winnetou und Old Shatterhand, werden wir in Europa endlich Blutsbrüder statt unersättlicher Schulden-Macher, Pöstchen-Schacherer, Sorgen-Plauderer, Geht-Nicht-Propheten und selbsternannter Welt-Verbesserer. Wir können den Machtkampf mit dem bestehen, doch dazu müssen wir aus der Deckung herauskommen, uns auf Augenhöhe mit dem

Kaltmacher platzieren. Dass der mit Ängsten spielen kann, ist bekannt. Warum sollten wir uns auf dieses Spiel einlassen? Genau. Zeigen wir ihm, dass unsere Lösungsbegabung auf Basis unserer Werte eine zukunftsträchtige Option ist. Wir haben seit Ende des Zweiten Weltkrieges kein fremdes Blut mehr an unseren Händen, wir begehen keine Verbrechen an der Menschheit. In unseren Adern fließt nunmehr seit mehr als fünfundsiebzig Jahren humanistisch angereichertes Blut, das für unantastbare Menschenrechte und ein friedvolles Miteinander steht.“

Paul öffnete langsam die Augen. Ob er sein Zuversicht ausstrahlendes Lächeln sehen konnte?

Der Ruf der Wildnis

Paul war beschäftigt mit einem Beitrag über die Frage, wie wir von Gazprom so abhängig werden konnten. Nachdem er sich über den sogenannten Urlaub des Altkanzlers Schröder in Moskau aufgeregt hatte, er konnte einfach nicht begreifen, dass dessen Freunde von unserem Steuergeld mitfinanziert werden, wohl auf immer und ewig, fühlte er sich von Absatz zu Absatz wohler, da der Autor eine Menge Expertise mitzubringen, als auch zu den Nicht-Jammerlappen zu zählen schien, und Möglichkeiten einer Konfliktlösung zumindest nicht im Vorhinein ablehnte. Das entsprach ganz seiner Geisteshaltung.

Natürlich hoffte auch Paul auf eine baldige Annäherung der Kriegsparteien und einen Abschied von der Angst um die Versorgungssicherheit in Europa. Bei dem Wort ‚Abschied', übernahm seine sentimentale Seite die Oberhand: „Svetlana, es war mir eine Ehre." Er schwelgte in allerbesten Erinnerungen.

Nach Abschluss des letzten Projektabschnitts, es war insgesamt der zehnte, hatte Paul die Möglichkeit bekommen, sich persönlich von Svetlana, dem Chief Accountant der ganz besonderen Art, zu verabschieden. Es war ihr ausdrücklicher Wunsch gewesen. In mehr als fünf Jahren Zusammenarbeit hatte es nicht ein einziges ernsthaftes Problem gegeben, Folge-Verträge waren immer schnell ratifiziert und Rechnungen prompt beglichen worden, in Euro und ohne Abzug. Und Paul hatte für sich und sein Team schnell das Gefühl vermittelt bekommen, dass sie sich keinen großen Kopf machen müssen um ihre Sicherheit und Gesundheit. Nur Schultz war hier eine Ausnahme: Er war zu jeder Zeit voll ‚cya'-infiziert.

Im Gegensatz zum Kennenlernen zu Beginn der Zusammenarbeit war es zum Abschluss ein längeres Gespräch gewesen mit leckeren Prjanikis mit Zuckerguss, Sacher Torte, frisch zubereitetem Bohnenkaffee ‚Lavazza' - und Wodka. Paul war sich sicher, es war ein richtig guter.

Schultz hatte Paul einen Zettel mitgegeben: „Zum Wohl. Danke für die Zusammenarbeit. Es war mir eine Ehre." „Svetlana, na zdorov'ye. I spasibo za sotrudnichestvo. Dlya menya eto bylo chest'yu." Svetlana war danach ziemlich auf Schmusekurs gepolt, öffnete eine dünne Mappe, und lächelte ihn an: „Mister Stemmer, I'm surprised, really surprised. You are drinking Wodka. Didn't you?" Paul nahm jetzt direkten Blickkontakt zu ihr auf und erklärte, dass ihm sein Arzt empfohlen habe, einen guten Wodka als Medizin gegen seine Rückenschmerzen zu trinken, das wäre in Russland so üblich, eine alte und übrigens bewährte Tradition. Nach einer kurzen Pause, Svetlana schien die richtigen Worte zu suchen, erwiderte sie: „Mister Paul Ernesto Stemmer," sie warf einen kurzen Blick in ihre Mappe, „really a nice picture". Svetlana machte eine kurze Pause, „good story and great job. Good luck."

Als die schwere Tür zu Svetlanas Reich ins Schloss gefallen war, atmete Paul tief durch: „Wie wahr, wie wahr, nichts wird vergessen, niemand wird vergessen. Schultz, ich danke dir."

Paul konnte damals nicht wissen, dass es das auch eine Art von Abschied von Schultz war. Mister ‚cya' war untergetaucht und nie wieder von Paul persönlich gesehen. Aber Schultz lebte noch. Und immer, wenn Paul eine Nachricht von ihm erhielt, oder es eine Nachricht von ihm gewesen sein könnte, flammte bei ihm neue Hoffnung auf. Wie gesagt, aufgeben war noch nie eine Option für ihn.

Als Paul direkt im Anschluss an das Taiga-Projekt dem Ruf der Wildnis erlegen war, der Plan des Grafen war voll aufgegangen, hatte Schultz im, zuverlässig wie gewohnt, aus sicherer Entfernung zugearbeitet.

Die Qualität seiner Arbeit war unverändert exzellent, insbesondere die angeforderte Expertise zu dem Thema ‚Investitionsrecht in SA'. Schultz führte in ausgezeichnetem Deutsch aus, dieses Mal ohne Verklausulierungen oder Mehrdeutigkeiten, dass dieser Staat über kein spezielles Investitionsfördergesetz verfüge. Stattdessen gäbe es eine Vielzahl von Investitionsförderprogrammen in verschiedenen Gesetzestexten, die im Hinblick auf das Integrationsprojekt interessant sein könnten. Je nach Art der Investition müsste allerdings eine Unmenge an Förderanträgen gestellt werden, was in der Regel sehr lange dauern könnte: „Es sei denn, ... du weist Bescheid."

Besonders wichtig sei der sogenannte ‚BEE-Status' von Unternehmen, wenn es um die Vergabe öffentlicher Aufträge oder die Privatisierung staatlicher Unternehmen ginge. ‚BEE' stünde für Black Economic Empowerment und bedeute, dass der Staat bei der Vergabe öffentlicher Aufträge oder der Privatisierung staatlicher Unternehmen, diejenigen mit einem höheren ‚BEE-Status' bevorzugen muss. Dies soll dazu dienen, soziale Ungleichgewichte aufgrund des Apartheid-Systems anzugleichen. Abschließend hatte Schultz verschiedene Möglichkeiten aufgezeigt, wie Unternehmen ihren ‚BEE-Status' manipulieren können, ohne wesentliche Verfügungsrechte abzutreten. Er hatte dazu Beispiele aufgeführt, die Paul aus seiner eigenen Analyse sehr bekannt vorkamen. Sein Versuch, Schultz für eine aktive Teilnahme, zumindest mittels Video-Konferenzen zu gewinnen, war wieder einmal kläglich gescheitert.

Von einem Tag auf den anderen gab es keinerlei Kommunikation mit Schultz mehr. Der reagierte auf keine Emails, hatte seine Pauls zugänglichen Kommunikationsdaten komplett blockiert. Auch seine Frau konnte nicht mehr erreicht werden.

Auch die Situation im Projektgeschäft hatte sind grundlegend geändert. Wie von Dr. Hoch befürchtet, war der Graf von heute auf morgen für internationale Beziehungen verantwortlich, damit permanent on Tour. Er selbst saß nun im achtköpfigen ‚Executive Board' und wurde von einem ‚Zentralsekretariat' koordiniert, das sich tagtäglich zu vermehren schien. Und je mehr Menschen sich dort einbrachten, desto länger dauerten die Entscheidungsprozesse. Der Graf kommentierte dies in einer E-Mail in der ihm eigenen Abgeklärtheit: „Hermann, irgendwann schaffen die es, sich nur noch mit sich selbst zu beschäftigen. Dann können wir auf unsere alten Tage noch ‚Management by Kim Jong-un' genießen. Oder was meinst du?"

Der hatte damals genau so wenig wie Paul eine Meinung, der, im Hinblick auf all diese Entwicklungen, nur noch traurig war.

Und Paul wollte noch immer nicht glauben, dass Schultz den Löffel endgültig abgeben haben soll. Doch an den beiden E-Mails von Doroteya gab es wirklich nichts zu zweifeln. „Das Schicksal ist tatsächlich stärker als ‚cya'. Ob es wirklich das Herz war? Ich bin mir da nicht so sicher. Aber wenn, dann sicher nicht ganz ohne Vorwarnung. Mein lieber Schultz, du warst genial, but nobody is perfect".

Auf dem Weg zu seiner Relax-Liege versuchte Paul, Frieden mit sich zu schließen: „Das war's dann wohl."

News aus der Wüste

Paul hatte in der Nacht vom 26. auf den 27. Juli von der Siemens Energy Turbine SGT-A65 geträumt, der deutsch-russischen Schicksalsröhre. Wo war sie geblieben? Hat sie vielleicht eine Fähre nach Finnland verpasst? Ihr Aufenthaltsort war seit Tagen ein Mysterium. Niemand wusste, wo sie sich befindet.

Manche meinten, gläubige Christen würden in dieser Notlage den heiligen Antonius anrufen, der gemäß der Legende beim Auffinden verlorener Gegenstände hilfreich war. In seiner Kindheit war Paul öfter Zeuge häuslicher Suchaktionen gewesen, im Namen von ‚Schlamperseppi‘, wie dieser liebevoll in Bayern und im Salzburger Land genannt wird. Daher wusste er auch, dass der alte Franziskanermönch durchaus wählerisch sein konnte. Nicht alles war seiner Hilfe würdig. Paul richtete mal wieder seinen Blick gen Himmel: „Herr!"

„BLING"!? Eine neue E-Mail hatte sich angemeldet. Paul stierte auf den Monitor, konnte es nicht glauben:

„ticis – stormy sea – tauchkurs – klima – katastrophe – torpedos – stop – au – cya – fi TéTé."

Er schreckte auf, war sich plötzlich sicher: "Schultz lebt - der Herr hat mich erhört."

Ein paar Tränen kullerten ihm die braungebrannten Wangen hinunter. Er wischte sie zur Seite, ein Strahlen überzog sein Gesicht: „Und ich kann mir sogar vorstellen, wo er abgetaucht ist. Schultz, habe die Ehre, soy honrado, ticis, Fi".

Für immer.

Nachwort

Cover Your Ass – 'cya'

Beim Recherchieren zu diesem Roman bin ich auf vielfältige Bedeutungen von ‚Cover Your Ass (britisch: cover your arse) gestoßen, die mir gänzlich unbekannt waren. Warum? Eine gute Frage, die aber nicht ganz einfach zu beantworten ist. Ich versuche es trotzdem.

‚Arsch‘ ist für mich ein Kraftausdruck, den ich zu vermeiden suche, da im allgemeinen Sprachgebrauch damit ein Mensch als Ganzes tituliert wird, beleidigt wird. Es ist eine Bezeichnung, die ganz in der Nähe eines anderen Ausdrucks angesiedelt ist. Denn was macht ein gemeiner ‚Arsch‘? Er produziert ‚Sch...‘, die meistens auch noch stinkt.

Als ich vor vielen Jahren ‚cya‘ kennenlernte, verstand ich es als eine Art Fürsorge im positiven Sinne. Wer als Einzelkind seinen Weg im Leben sucht, wird verstehen, warum bei manchen Menschen ‚Fürsorge‘ nicht hoch im Kurs steht. So zumindest bei mir, der für sich eine Art ‚Schirm-Allergie‘ ausgemacht hat, also skeptisch ist gegenüber Menschen, aber auch Parteien, die meinen, sie müssten sich permanent Sorgen um andere machen, und bei jedem Gegenwind sofort einen Rettungsschirm auf die Agenda setzen. Ich habe auch gehört, dass ‚Helikopter-Eltern‘ eine besonders gefährliche Gattung der Sorgenmacher darstellen sollen, vor allem wenn da noch ein juristischer Hintergrund vorhanden ist. Ich betone sollen, nicht müssen.

Der Begriff ‚cya‘ war für mich von Anfang an positiv besetzt, wahrscheinlich, weil er mir von einem geschätzten Menschen nahebracht wurde, der, aus einem komplett anderen Lebens-

und Kulturkreis kommend, meinen Weg kreuzte. Dieser Mensch hat, ohne auch nur eine Therapiestunde, mich nicht nur von einem Trauma befreit, Stichwort Fremdsprache Englisch, sondern mir auch geholfen, die Augen zu öffnen mit einer anderen, eher beiläufigen Bemerkung: „People make the difference." In meiner Heimat heißt das übrigens: „D'Leid sen's."

Heute bedeutet ‚cya' für mich auch der Versuch, die Balance im Leben zu finden, bei allem, was ich tue. Für mich führt nichts an der Tatsache vorbei, dass dort, wo es Höhen gibt, Tiefen nicht weit entfernt sind, nach jeder Flut Ebbe einkehrt, nach jeder Nacht wieder ein neuer Tag anbricht. Das chinesische Prinzip des YIN und YANG findet hier seine Entsprechung. Ich denke, Mut auf der einen Seite der Waagschale, und ‚cya' auf der anderen, das könnte passen.

Wie bereits gesagt, als ich mich mit ‚cya' näher beschäftigte, wurde ich überrascht mit einer Menge von Interpretationen und Wortdeutungen, die mir bis dato unbekannt waren. So soll es beispielsweise eine Aktivität sein, die durchgeführt wird, um sich vor möglicher späterer Kritik, rechtlichen Sanktionen oder anderen Auswirkungen zu schützen. Und das meist in einem arbeitsbezogenen oder bürokratischen Kontext. Das war für mich komplett neu. Aber, das war bei weitem noch nicht alles.

Der Sprachexperte der New York Times, William Safire, beschreibt ‚cya' als eine bürokratische Technik, künftige Anschuldigungen aufgrund politischer Fehler oder Fehlverhalten abzuwehren, indem man die Verantwortung im Voraus abwende. Hier ginge es darum, die Verantwortung für eigene Handlungen als eine Art Versicherung gegen mögliche zukünftige negative Auswirkungen zu verteilen. Das könne man auch als eine Art von institutioneller Risikoaversionsmentalität bezeichnen, da diese der Rechenschaftspflicht und Verantwortung entgegenwirke. Der geübte Bürokrat in Berlin, Wien, Brüssel oder New York befeuere dies zum Beispiel mit ellenlangen Gesetzesformulierungen, Verwaltungsvorschriften, übermäßigem Papierkram und einer überdimensionierten Dokumentation, was der Gesamteffektivität der Institution schaden könne.

Betreibe man diese Art von Geschäft lange genug, ‚cya' quasi als Gewohnheit, die instinktiv abläuft, könne dies den Zielen der eigenen Organisation, also des eigenen Arbeitsgebers, schaden, andererseits aber sehr hilfreich sein, die eigene Karriere nicht nur zu schützen, sondern zu befördern. Es soll böse Menschen geben, die behaupten, ‚cya' wäre ein beliebter, durchaus legitimer Karriere-Turbo mittels fein getunter Sabotage.

William Safire nennt weitere Beispiele für die Anwendung von ‚cya' in der täglichen Praxis. So forderten die Gesundheitsbehörden von Minnesota ihre Bürger mit ‚Cover Your Ass' auf, sich präventiven kolorektalen Untersuchungen zu unterziehen, um sich medizinisch vor möglichen zukünftigen Krebserkrankungen zu schützen. Eine andere Variante in der Ärzteschaft sei, wenn diese ihren Patienten unnötige medizinische Tests und Untersuchungen verschreibe, nur um sich vor möglichen zukünftigen Schadensersatzprozessen zu schützen. Ist das vielleicht auch ein Grund dafür, warum heute so viele Menschen durch ein CT/MRT geschoben werden? Ich weiß es nicht, bin aber durch die Beschäftigung mit ‚cya' nachdenklich geworden.

Besonders im Bankwesen sei ‚cya' ein brisantes Thema, um nicht zu sagen, ein ganz heißes Eisen, da man dort durch die Ausstellung unnötiger Memos, der Verschleierung von Dokumenten, die diskrete Durchführung unzähliger Transaktionen dafür sorgen könne, sich rechtzeitig vor einer möglichen künftigen Haftung freizusprechen. Wenn das so wäre, kann ich nur sagen, Compliance ade.

Ein erfahrener Bürokrat verwende nach Safire gerne passive Satzkonstruktionen („sehen Sie, dass Fehler gemacht wurden"), folge einem Meeting oder Telefonat mit einem eigennützigen Memcon – ,Memorandum of Conversation', leite Memos an so viele andere Bürokraten wie möglich, wodurch das Risiko künftiger Kritik gestreut würde, oder die Akte aufblase mit Memoranden, die manchmal seine oder ihre Position unterstütze und manchmal widerspräche.

Ich möchte meine Ausführungen an dieser Stelle beenden mit einem Statement: ,cya' als gezielte Des-Information. Diese zählt bekanntlich zu den bewährten Waffen moderner Kriegsführung. News oder Fake News, das ist hier die Frage. Womit wir wieder am Beginn meines Buches wären, bei der ,Militärischen Sonderoperation.'

Zum Abschluss wünsche ich mir, dass ,cya' auch Bestandteil der bundesdeutschen und europäischen Politik wird, nicht um den eigenen ,Arsch' zu retten, sorry für diese drastische Formulierung, sondern zum Wohle unserer Bürger und unserer Demokratien. Denn ,cya' brächte letztendlich keine einseitigen Abhängigkeiten Vieler von Wenigen, dafür aber ein friedliches Miteinander mit Versorgungssicherheit.

Gestern Abend soll der erste Frachter, beladen mit Tonnen von Weizen, die ukrainischen Gewässer verlassen haben in Richtung Istanbul. Ich hoffe, viele weitere werden ihm folgen.

„Wie jede Blüte welkt und jede Jugend

Dem Alter weicht, blüht jede Lebensstufe,

Blüht jede Weisheit auch und jede Tugend

Zu ihrer Zeit und darf nicht ewig dauern.

Es muß das Herz bei jedem Lebensrufe

Bereit zum Abschied sein und Neubeginne,

Um sich in Tapferkeit und ohne Trauern

In andre, neue Bindungen zu geben.

Und jedem Anfang wohnt ein Zauber inne,

Der uns beschützt und der uns hilft, zu leben.“

(Hermann Hesse)

Wiesbaden, der 02. August 2022

Weitere Veröffentlichungen des Autors:

Leugnen ist auch keine Lösung – Corona trifft uns alle; BoD-Verlag, 2. Auflage 2021, ISBN: 9 783 752 689 358

Leben läuft weiter – bist Du bereit für mehr? BoD-Verlag, 2019, ISBN: 9 783 732 289 547

Träume leben – Spirit of B.C., BoD-Verlag, 2018, ISBN: 9 783 748 199 182

Stimmen aus Südafrika, BoD-Verlag, 2018, ISBN: 9 783 748 149 170

Die Uhr tickt – wenn nicht jetzt wann dann? BoD-Verlag 2017, ISBN: 9 783 743 194 168

Der Verrückte, der wieder laufen lernte – burn-in, -out, -on, -for, BoD-Verlag, 2016, ISBN: 9 783 734 730 849

Das Germanische Quartett, 2014, ISBN: 9 783 956 300 950

Das Leben ist (k)ein Wunschkonzert, Teil 3, Paul, der geerdete Elch, 2013 ISBN: 9 783 862 799 619

Das Leben ist (k)ein Wunschkonzert, Teil 2, Paul, der gestrandete Elch, 2013 ISBN: 9 783 862 797 592

Das Leben ist (k)ein Wunschkonzert, Teil 1, Paul, der gehörnte Elch, 2012 ISBN: 9 783 862 796 762